Anna Burghart

Wie Erzieher mit religiöser Bildung die Resilienz von Kindern fördern

Resilienzförderung in der Kindertagesstätte

Bibliografische Information der Deutschen Nationalbibliothek:

Die Deutsche Nationalbibliothek verzeichnet diese Publikation in der Deutschen Nationalbibliografie; detaillierte bibliografische Daten sind im Internet über http://dnb.d-nb.de abrufbar.

Impressum:

Copyright © Studylab 2019

Ein Imprint der Open Publishing GmbH, München

Druck und Bindung: Books on Demand GmbH, Norderstedt, Germany

Coverbild: Open Publishing GmbH | Freepik.com | Flaticon.com | ei8htz

Inhaltsverzeichnis

1 Religiöse Bildung als Resilienzfaktor 1

    1.1 Aktuelle Forschungssituation und Problemstellung 1

    1.2 Abgrenzung der Themenstellung 3

    1.3 Aufbau der Arbeit 4

2 Resilienz: Begriffliche und theoretische Grundlagen 5

    2.1 Definition des Begriffs Resilienz 5

    2.2 Risikofaktorenkonzept 6

    2.3 Schutzfaktorenkonzept 9

    2.4 Resilienzfaktoren 11

    2.5 Quellen von Resilienz (vgl. Grotberg 2011) 19

3 Kontexte religiöser Erziehung und Bildung 23

    3.1 Religiöse Sozialisationsfaktoren im Kindergartenalter 23

    3.2 Religiöse Bedürfnisse 24

4 Resilienzförderung durch religiöse Bildung 28

    4.1 Empfehlungen des Bayerischen Bildungs- und Erziehungsplans 29

    4.2 Biblische Erzählungen 32

    4.3 Resilienzförderung durch ein positives Gottesbild 37

    4.4 Rituale und Beten 39

    4.5 Lieder zur Resilienzentwicklung 42

    4.6 Das religionspädagogische Resilienzprogramm „Resi" 43

5 Fazit 45

Literatur 47

Anhang 50

1 Religiöse Bildung als Resilienzfaktor

„Thema der Frühpädagogik ist die pädagogische Anthropologie, die kindliche Entwicklung mit ihren Chancen und Risiken und frühkindliches Lernen in seinen vielfältigen, gesellschaftlich bedingten Ausprägungen. Insofern ist sie erste Gesprächspartnerin, wenn es um religiöses Lernen im Kindergartenalter geht."

(Fleck 2010, S. 121)

Dieses Zitat macht deutlich, dass religiöse Bildung bereits im Kindergartenalter einen hohen Stellenwert einnimmt. Vor allem im Bezug auf die Chancen und Risiken im Kindesalter ist ein Bezug zur Resilienzförderung zu erkennen. Aufgabe der religiösen Bildung ist es, Kindern Bewältigungsformen schwieriger Lebenssituationen zu bieten und ihre Stärken zu fördern. Es stellt sich die Frage, welche Anforderungen Kinder in der heutigen Gesellschaft beggenen und welche Strategien ihnen dabei helfen, diese zu bewältigen. Um der Frage nachzugehen, ob das Kind Religion hierfür braucht bzw. was es bedeutet, ihm Religion vorzuenthalten, bedarf einer genaueren Analyse der Bedingungen unter denen Kinder aufwachsen, und auch die Rolle der Kindertagesstätte im Leben der Kinder. Diese Fragestellungen sollen in dieser Arbeit behandelt werden.

1.1 Aktuelle Forschungssituation und Problemstellung

Bereits seit einigen Jahren liegen Ergebnisse von Langzeitstudien der Resilienzforschung vor (v.a. Werner 2008; Opp & Fingerle 2008; Wustmann 2004) und werden mehr und mehr auch im deutschsprachigen Raum wahrgenommen und diskutiert. Dies hat einige Ausprägungen auf den Alltag in Kindertageseinrichtungen: So wird mehr und mehr der Fokus von reiner Prävention (z.B. von Verhaltensauffälligkeiten) auf die allgemeine Förderung der seelischen Gesundheit bzw. von Lebenskompetenzen gesetzt. Es stehen mittlerweile einige entsprechende Förderprogramme zur Verfügung, welche in den Alltag von Kindertagesstätten integriert werden können, z.B. „Kinder Stärken! - Resilienzförderung in der Kindertagesstätte" (vgl. Fröhlich-Gildhoff, Rönnau-Böse 2017, S.363ff.). Die bekanntesten Resilienzstudien sind die Kauai-Längsschnittstudie, die Mannheimer Risikokinderstudie und die Bielefelder Invulnerabilitätsstudie. Die Kauai-Längsschnittstudie (Werner 2008) wird als erste Studie zur Resilienz betrachtet. Auf der Hawaii-Insel Kauai wurden hierfür der gesamte Geburtenjahrgang 1955, also 698 Probanden von der pränatalen Entwicklung bis hin zum 40. Lebensjahr im Längsschnitt mehrfach untersucht. Das vorrangige Ziel war es, die Langzeitfolgen von prä- und perinatalen Risikobedingungen und Auswirkungen ungünstiger Lebensumstände in der frühen Kindheit auf die physische und psychische Entwicklung zu erforschen und Schutzfaktoren zu identifizieren. Jedes dritte Kind wies aufgrund belastender Lebensumstände zum ersten Erhebungszeitpunkt ein hohes Entwicklungsrisiko auf. Mit zehn Jahren zeigten zwei Drittel dieser Kinder starke Lern- und Verhaltensstörungen und wurden im Laufe der Erhebungen straffällig oder zeigten psychische Probleme im Jugendalter. Das verbleibende Drittel der Kinder mit erhöhtem Entwicklungsrisiko entwickelte sich jedoch unauffällig. Dadurch konnten verschiedene Schutzfaktoren identifiziert werden, welche im Kapitel 2.3 Schutzfaktorenkonzept genauer beschrieben werden. Religion wird als „ein[en] Schutzfaktor im Leben von Risikokindern" beschrieben. „Sie gibt den widerstandsfähigen Jungen und Mädchen Stabilität, das Gefühl, dass ihr Leben Sinn und Bedeutung hat, den Glauben, dass sich trotz Not und Schmerzen die Dinge am Ende richten werden [...]". Religion wird bereits hier als wichtiges Element genannt, welches das Potenzial besitzt, Kinder zu stärken.

Die Mannheimer Risikokinderstudie (Laucht, Esser & Schmidt 1999) ist ebenfalls eine Längsschnittstudie. In diesem Rahmen wurde 362 Kinder (Jahrgang 1986-1988) von Geburt an begleitet und anhand organischer (prä- und perinatale Komplikationen) und pyschosozialer Belastungen zum ersten Messpunkt in neun unterschiedliche Gruppen anhand der Belastung unterteilt. Die aufgrund dieser Einteilung als Risikokinder eingestufte Probanden wiesen hier dreimal häufiger Entwicklungsbeeinträchtigungen auf als unbelastete Kinder. Die Risikokinder profitierten vor allem im Säuglingsalter von einem positiven Interaktionsverhalten zwischen Mutter und Kind.

Die Bielefelder Invulnerabilitätsstudie (Lösel, Bliesener & Köfler 1990) untersuchte Jugendliche im Alter von 14 bis 17 Jahre und wird in dieser Arbeit nicht näher beschrieben, da sie sich nicht mit der Zielgruppe dieser Ausarbeitung beschäftigt.

Risikobehaftete Situationen in der Kindheit, Multikulturalität und Pluralität in der Gesellschaft stellen aktuelle Herausforderungen dar, auf welche die Frühpädagogik insbesondere in Kindertagesstätten reagieren muss. Diese haben eine hohe Verantwortung, da sie einerseits die zweite Sozialisationsinstanz, gleich nach der Familie, im Leben eines Kindes sind, und weiterhin einen Lebens- und Erfahrungsort für Kinder bieten, in welchem sie mit anderen Kindern und Erwachsenen wichtige Erfahrungen und Erlebnisse sammeln können. Positive religiöse Erfahrungen tragen einen wichtigen Beitrag zur Resilienzförderung bei und sollten daher nicht vernachlässigt werden. Die Kindertagesstätte soll eine wohlwollende, vertrauensstiftende Erfahrungswelt bieten und Fragen nach Religiosität offen und wertschätzend behandeln. Doch wie kann dies gelingen? Welchen Beitrag leistet religiöse Bildung im Kindergarten bezüglich Resilienz, der inneren Widerstandsfähigkeit, tatsächlich? Und wie lässt sich dies gezielt fördern? Diese Fragen sollen innerhalb der Arbeit ausführlich behandelt und beantwortet werden.

1.2 Abgrenzung der Themenstellung

Religiöse Bildung findet in vielen Aspekten des kindlichen Lebens statt: in der Familie, Kinderkrippe, im Kindergarten, in der Schule und an vielen weiteren öffentlichen und privaten Instanzen. Um nicht den Rahmen dieser Arbeit zu sprengen, liegt der Fokus auf Kindern im Alter zwischen drei und sechs Jahren. Zudem soll vor allem der religiösen Bildung im Kindergarten thematisiert werden, inklusive dem Übergang zur Schule, dieser stellt eine besondere Herausforderung im Leben der Kinder dar und religiöse Bildung kann einen maßgeblichen Anteil zur Bewältigung dieser Situation beitragen. Kindergärten bieten durch frühzeitige, längerfristige und vor allem intensive und ganzheitliche Unterstützung, einen hohen Beitrag zur Resilienzförderung im frühkindlichen Bereich. Durch den Zugang vielen Kindern und Eltern und mit niederschwelligen Angeboten, schaffen sie ein weites Spektrum mit hohem Ausmaß an Hilfestellungen, insbesondere im Rahmen der Erziehungs- und Familienpartnerschaft. Im Kindergarten erhalten die Kinder die Möglichkeit, Talente zu entfalten und werden darin, sowie in den anderen Bildungsbereichen, spezifisch gefördert. Dadurch erhalten sie nicht nur persönliche Zuwendung, bauen Freundschaften auf und erfahren Bestätigung für ihre Kompetenzen, sondern erhalten auch eine feste Alltagsstruktur und Kontinuität.

„Die Lebensgeschichten der widerstandsfähigen Kinder lehren uns, dass sich Kompetenz, Vertrauen und Fürsorge auch unter sehr ungünstigen Lebensbedingungen entwickeln können, wenn sie Erwachsene treffen, die ihnen eine sichere Basis bieten, auf der sich Vertrauen, Autonomie und Initiative entwicklen können." (vgl. Werner 1997, S.202).

Eine englische Studie (Hall 2009) zeigt, dass drei- bis fünfjährige Kinder mit personalen und familiären Risikofaktoren vom Besuch einer qualitativ hochwertige Kindertagesstätte profitieren. Hohe Qualität erweist sich durch die personelle und räumliche Ausstattung der Einrichtung, pädagogische Angebote und eine gute Fachkraft-Kind-Beziehung. Die Kinder profitieren hiervon vor allem in ihrer kognitiven Entwicklung. Sie finden in den Betreuungseinrichtungen einen Ort, an dem positive Beziehungs- und Lernerfahrungen sowie Peerkontakte ermöglicht werden. Dadurch ergibt sich die Berechtigung der Arbeit, den Fokus auf die Resilienzförderung durch religiöse Bildung in Kindertagesstätten zu legen.

1.3 Aufbau der Arbeit

Die Arbeit gliedert sich zunächst in begriffliche und theoretische Grundlagen. Hier soll der Begriff der Resilienz zunächst genau definiert werden. Anschließend wird das Risikofaktorenkonzept mit Vulnerabiliäts- und Risikofaktoren genauer beschrieben. Weiterhin wird das Schutzfaktorenkonzept mit kindbezogenen, familiären und umgebungsbezogenen Faktoren dargestellt und genauer auf Religion als Schutzfaktor eingegangen. Im Anschluss werden die Resilienzfaktoren Selbst- und Fremdwahrnehmung, Selbststeuerung, Selbstwirksamkeit, soziale Kompetenz, aktive Bewältigungskompetenzen, und Problemlösefähigkeit bearbeitet und zum Schluss noch die Quellen von Resilienz dargelegt. Der nächste Hauptteil beschäftigt sich mit den Kontexten religiöser Erziehung und Bildung. Hierzu gehören Sozialisationsfaktoren im Kindergartenalter, religiöse Bedürfnisse und die zunehmende religiöse Pluralität in Deutschland. Im nächsten Teil soll die konkrete Resilienzförderung durch religiöse Erziehung vorgestellt werden. Dies beginnt zunächst mit den Empfehlungen des Bayerischen Bildungs- und Erziehungsplans. Weiterhin wird die Bedeutsamkeit biblischer Erzählungen dargelegt, die Wirkung eines positiven Gottesbildes, Rituale im Kindergarten und resilienzfördernde Aspekte von Beten mit Kindern. Die Arbeit endet mit einem resümierenden Fazit.

2 Resilienz: Begriffliche und theoretische Grundlagen

2.1 Definition des Begriffs Resilienz

Der Begriff Resilienz leitet sich von dem englischen Wort „resilience" ab und bedeutet Widerstandfähigkeit, Spannkraft und Elastizität. Darunter ist die Fähigkeit zu verstehen, „erfolgreich mit belastenden Lebensumständen und negativen Stressfolgen" (Wustmann, Seiler 2012, S. 18) umgehen zu können. Im deutschsprachigen Raum ist vor allem die Definition von Corinna Wustmann anerkannt. Demnach ist Resilienz „die psychische Widerstandsfähigkeit von Kindern gegenüber biologischen, psychologischen und psychosozialen Entwicklungsrisiken" (Wustmann, Seiler 2012, S. 18). Resilienz ist keine Charaktereigenschaft, sondern ein Entwicklungsprozess, abhängig von Erfahrungen und Erlebnissen und immer an zwei Bedingungen gebunden: Es besteht eine Risikosituation und diese wird durch das Individuum aufgrund vorhandener Kompetenzen erfolgreich bewältigt (vgl. Fröhlich-Gildhoff, Rönnau- Böse 2009, S. 10).

Resilienz ist ein „dynamischer Anpassungs- und Entwicklungsprozess" (Wustmann 2004, 28 zit. n. Fröhlich-Gildhoff, Rönnau-Böse 2009, S. 10) und somit nicht angeboren, sondern abhängig von Interaktionen zwischen dem Individuum und seiner Umwelt. Dies beinhaltet die Kompetenz des Kindes, selbst Einfluss auf seine Umwelt zu nehmen. Abhängig von seinen Erfahrungen und bewältigten Erlebnissen verändert sich die Resilienz des Individuums. Somit ist Resilienz eine „variable Größe" (Wustmann 2004, 30, zit. n. Fröhlich-Gildhoff, Rönnau-Böse 2009, S. 10) und keine stabile Unverwundbarkeit der Person. Dementsprechend ist Resilienz auch situationsspezifisch, kontextabhängig und nicht auf alle Lebensbereiche übertragbar. Die multidimensionale Ausprägung von Resilienz ist darin erkennbar, dass biologische, psychologische und psychosoziale Faktoren eine Rolle spielen, welche berücksichtigt werden müssen (vgl. Fröhlich-Gildhoff, Rönnau-Böse 2009, S. 11).

Resilienz wird unterschiedlich eng und weit definiert. Bei engen Definitionen steht die Bewältigung einer akuten Hochrisikosituation im Vordergrund. Diese wird besser bewältigt als erwartet bzw. ist es zu erwarten. Die weit gefasste Definition umfasst viele Einzelkompetenzen, welche sich zur Kompetenz der Resilienz zusammenfassen. Diese sind nicht nur wichtig für das Bewältigen von Krisensituationen, sondern auch, um insgesamt die seelische Gesundheit zu fördern und alltägliche kritische Situationen zu meistern. Die Einzelkompetenzen entwickeln sich in diversen Situationen und manifestieren sich unter erhöhter Belastung als Resilienz (vgl. Fröhlich-Gildhoff, Rönnau-Böse 2009, S. 12).

2.2 Risikofaktorenkonzept

Die Resilienzforschung entwickelte sich aus der Psychopathologie der 1970er Jahre. In dieser Zeit wurden Risikoeinflüsse auf die kindliche Entwicklung untersucht. Der Fokus richtete sich immer mehr auf resiliente Kinder, welche sich trotz schwieriger Umstände positiv entwickelten (vgl. Fröhlich-Gildhoff, Rönnau-Böse 2009, S. 14).

Die Risikoforschung untersucht somit Lebensbedingungen, welche die kindliche Entwicklung beeinträchtigen und dementsprechend Gruppen von Kindern, deren Entwicklung gefährdet ist. Untersucht werden zum einen kindbezogene Vulnerabilitätsfaktoren, welche biologische und psychologische Eigenschaften umfassen, und Risikofaktoren oder Stressoren, welche auf die psychosozialen Merkmale der Umwelt des Kindes zurückzuführen sind (Fröhlich-Gildhoff/, Rönnau-Böse 2009, S. 21). Diese beiden Faktoren sollen im Anschluss genauer erläutert werden. Zu beachten ist, dass die Vulnerabilitätsfaktoren und Schutzfaktoren sich weder gegenseitig ausheben noch aufgewogen werden können. Zur Beurteilung einer Risikosituation muss jeweils der aktuelle Entwicklungsstand des Kindes sowie seine subjektive Betrachtung der Situation betrachtet werden. Einzelne Risiko- und Schutzfaktoren können nicht isoliert voneinander analysiert werden. Dennoch gilt eine kumulative Wirkweise: Je mehr Schutzfaktoren vorhanden sind, desto höher ist die produktive Wirkung dieser gegenüber Entwicklungsbeeinträchtigungen.

2.2.1 Vulnerabilitätsfaktoren

Die kindbezogenen Vulnerabilitätsfaktoren werden unterteilt in primäre Faktoren und sekundäre Faktoren. Die primären Faktoren umfassen Merkmale, die das Kind von Geburt an aufweist. Nach Wustmann (2004, S. 38-39) sind hier zu nennen:

- Prä-, Peri- und Postnatale Faktoren wie eine Frühgeburt, Komplikationen bei der Geburt, ein niedriges Geburtsgewicht, Defizite bei der Ernährung und Erkrankungen des Säuglings.
- Neuropsychologische Defizite
- Psychophysiologische Faktoren wie ein besonders niedriges Aktivitätsniveau
- Genetische Faktoren wie Chromonsomenanomalien, z.B. Trisomie 21

- Chronische Erkrankungen z.B. Asthma, Neurodermitis, Krebs, schwere Herzfehler oder hirnorganische Schäden
- Schwierige Temperamentsmerkmale, frühes impulsives Verhalten oder eine hohe Ablenkbarkeit
- Geringe kognitive Fähigkeiten, z.b. ein niedriger Intelligenzquotient, eine defizitäre Wahrnehmung oder Schwierigkeiten in der sozial-kognitiven Informationsverarbeitung.

Als sekundäre Vulnerabilitätsfaktoren sind eine unsichere Bindungsorganisation und geringe Fähigkeiten zur Selbstregulation von An- und Entspannung zu nennen (vgl. Wustmann 2004, S. 38-39).

In der kindlichen Entwicklung entstehen, je nach Zeitpunkt, Phasen erhöhter Vulnerabilität. Innerhalb dieser Phasen sind Kinder von risikoerhöhenden Faktoren schneller betroffen, da z.B. eine Entwicklungsaufgabe oder mehrere Anforderungen gleichzeitig bewältigt werden müssen. Als Beispiel sind hier Transitionen (Übergänge) z.B. vom Kindergarten in die Schule zu nennen. Tritt in dieser Phase eine Risikosituation auf, so erhöht sich die Wahrscheinlichkeit einer unangemessenen Entwicklung oder sogar das Risiko einer psychischen Störung (vgl. Fröhlich-Gildhoff, Rönnau-Böse 2009, S. 25). Somit spielen Kumulation, also Anhäufung der Belastungen eine wichtige Rolle, aber auch die Kontinuität und Dauer der problematischen Situation sind ausschlaggebend. Weiterhin hat auch die zeitliche Abfolge der risikobehafteten Ereignisse einen hohen Einfluss auf die Entwicklungsgefährdung: „Je früher eine Risikobelastung auftritt, desto größer ist die Wahrscheinlichkeit, dass weitere Risikofaktoren zu späteren Zeitpunkten die Entwicklung des Kindes gefährden." (vgl. Fröhlich-Gildhoff/, Rönnau-Böse 2009, S. 26). Weitere Faktoren, welche die Auswirkungen der Risikosituation betreffen, sind Alter und Entwicklungsstand des Kindes, sein Geschlecht und auch die subjektive Eigenbewertung der Belastung. So sind im Kindesalter besonders familiäre Risiken von Bedeutung. Laut der epidemiologischen Forschung sind Jungen in der Kindheit signifikant anfälliger für Risikobelastungen und häufiger von (Entwicklungs-) Störungen betroffen (vgl. Fröhlich-Gildhoff, Rönnau-Böse 2009, S. 26f.). Um die Risikosituation angemessen einschätzen zu können, bedarf es die Perspektive des betroffenen Kindes einzuschätzen und seinen Entwicklungsstand und -verlauf zu betrachten. Aufgrund der Vielzahl der diversen und äußerst individuellen Auswirkungen der Risikofaktoren spricht man von Multifinalität dieser.

2.2.2 Risikofaktoren

Risikofaktoren sind Merkmale, „von denen eine potentielle Gefährdung der Entwicklung ausgeht" (Holtmann, Schmidt 2004, S. 196, zit. n. Fröhlich- Gildhoff, Rönnau- Böse 2009, S. 25). Eingrenzend ist vorab zu nennen, dass nicht jeder Risikofaktor sogleich eine Entwicklungsgefährdung bedeutet. Dies wird maßgeblich durch die Häufung der Stressoren beeinflusst. Problematisch ist, dass häufig eine Kumulation solcher Belastungen auftritt, da die Faktoren oftmals in Verbindung miteinander stehen. Traumatische Erlebnisse wie Gewalttaten, sexueller Missbrauch, Kriegs- oder Terrorerlebnisse, usw. sind nach Wustmann (2004) hingegen so schwerwiegend, dass sie eigens aufgeführt werden. Zu Risikofaktoren (Wustmann 2004, S. 38f.) zählen:

- ein niedriger sozioökonomischer Status, bedingt durch z.B. Arbeitslosigkeit
- ein negatives Wohnumfeld, z.B. aufgrund eines hohen Kriminalitätsanteils
- eine dauerhafte familiäre Disharmonie
- die elterliche Trennung bzw. Scheidung
- Alkohol- oder Drogenmissbrauch der Eltern
- Psychische Erkrankungen/ Störungen eines oder beider Elternteile
- Kriminalität der Eltern
- Obdachlosigkeit
- ein niedriges Bildungsniveau der Eltern
- Abwesenheit eines Elternteils, also ein alleinerziehender Elternteil
- Erziehungsdefizite wie inkonsequentes oder zurückweisendes Verhalten, körperliche Strafen, Desinteresse oder auch mangelnde Feinfühligkeit
- eine sehr junge Elternschaft (vor Erreichen der Volljährigkeit)
- eine unerwünschte Schwangerschaft
- häufige Umzüge und demzufolge auch häufige Schulwechsel
- Migrationshintergrund in Verbindung mit einem niedrigen sozioökonomischen Status
- soziale Isolation der Familie
- Verlusterfahrungen, z.B. eines Geschwisterkindes oder engen Freundes
- Geschwister mit einer Behinderung, Lern- oder Verhaltensstörung
- mehr als vier Geschwister

- Mobbing oder Ablehnung durch Gleichaltrige (Peers)
- eine außerfamiliäre Unterbringung

Diese Stressoren können ebenfalls in Bezug auf ihre Veränderbarkeit unterschieden werden. Strukturelle Faktoren (z.B. das Geschlecht) sind nicht veränderbar. Variable Faktoren hingegen können durch Interventionen verändert werden. Diese beinhalten zum einen direkte Faktoren, welche möglicherweise zu einer unmittelbaren Veränderung führen, wie beispielsweise eine Verlusterfahrung, zum anderen kontinuierliche Faktoren, welche über einen zeitlichen Rahmen hinweg in ihrem Ausmaß und Wirkung variieren können (z.B. Qualität der Eltern-Kind-Beziehung; vgl. Scheithauer, Petermann 1999, zit. n. Fröhlich-Gildhoff, Rönnau-Böse 2009, S. 24).

Um intervenieren zu können bzw. mit Präventionsmaßnahmen ansetzen zu können, ist ein Fokus auf die variablen Faktoren notwendig, da diese veränderbar sind.

Die Risikofaktoren müssen ebenfalls hinsichtlich der Kontinuität der Belastung, Abfolge der Ereignisse, Alter und Entwicklungsstand des Kindes, geschlechtsspezifische Aspekte und der subjektiven Bewertung des Individuums der Risikobelastung betrachtet werden. Diese multidimensionale Betrachtung ermöglicht das Erkennen der individuellen Auswirkungen und somit eine spezifische Intervention (vgl. Fröhlich-Gildhoff, Rönnau-Böse 2009, 26f.).

2.3 Schutzfaktorenkonzept

Da zur Beurteilung des Entwicklungsstandes eines Kindes nicht nur die Risikofaktoren ausschlaggebend sind, fand ein Paradigmenwechsel statt: Der Blick richtete sich immer auf Resilienz, also Salutogenese, Ressourcenorientierung und Schutzfaktoren, anstatt den Fokus auf die Pathologie, die Defizitorientierung und die Risikofaktoren zu richten. Die Resilienzforschung, wie auch das Salutogenesekonzept, gehen davon aus, dass Individuen Ressourcen haben, welche ihnen helfen mit schwierigen Erlebnissen umzugehen. Diese Ressourcen sollen gestärkt werden, um die Widerstandskräfte zu fördern. Somit werden „Schutzfaktoren [...] als Merkmale beschrieben, die das Auftreten einer psychischen Störung oder einer unangepassten Entwicklung verhindern oder abmildern sowie die Wahrscheinlichkeit einer positiven Entwicklung erhöhen" (Rutter 1990). Schutzfaktoren zeigen ihre Wirkung erst, wenn eine Risikosituation das Kind belastet. Erst dann können die Schutzfaktoren greifen und werden ersichtlich (vgl. Fröhlich-Gildhoff, Rönnau-Böse 2015, S.28).

In der Literaturrecherche zu dieser Arbeit wurde deutlich, dass unter dem Begriff „Schutzfaktor" nicht alle Autoren das Gleiche verstehen und diverse Terminologien verwendet werden. Es herrscht eine allgemeine Unklarheit und Diskussion um die Frage, welche Faktoren unter Schutzfaktoren fallen. Wustmann (2004) stellt eine Zusammenfassung der zentralen Schutzfaktoren zusammen, welche hier als Grundlage verwendet werden soll. Diese werden nun im Anschluss genauer vorgestellt. Zu beachten ist, dass nicht jedes Kind sämtliche Schutzfaktoren aufweisen kann. Doch je mehr dieser Faktoren auftreten und das Kind in seinen Handlungs- und Lösungsstrategien bestärkt und gefördert wird, desto resilienter wird es und desto leichter kann es Problemsituationen bewältigen.

> „Den Mut zum Leben kann man lernen. Dazu gibt es viele Erfahrungen. Wir können sie uns zu eigen machen. Wir müssen nicht ganz von vorn anfangen. Glück, Vertrauen und Zuversicht gehören zusammen."

(vgl. Göpfert, Ohly 1977, S. 3)

2.3.1 Kindbezogene Faktoren

Unter kindbezogene Schutzfaktoren fallen: Positive Temperamenteigenschaften, eine mindestens durchschnittliche Intelligenz, das weibliche Geschlecht und das erstgeborene Kind der Familie zu sein (vgl. Fröhlich-Gildhoff, Rönnau-Böse 2015, S.29).

2.3.2 Familiäre Faktoren

Innerhalb der Familie finden sich viele soziale Ressourcen. Ein Aspekt ist mindestens eine stabile Bezugsperson, welche Vertrauen und Autonomie fördert. Hierzu gehört auch ein autoritativer/ demokratischer Erziehungsstil, welcher durch Klarheit und Struktur sowohl Grenzen als auch Sicherheit gibt und durch Wertschätzung und Liebe, Geborgenheit und Vertrauen in sich und die Umwelt fördert. Auch ein ersichtlicher Zusammenhalt der Familie sowie Stabilität und eine konstruktive Kommunikation sind ein wichtige Faktoren. Hierzu zählen auch enge Geschwisterbindungen und eine harmonische Paarbeziehung der Eltern. Ein weiterer Punkt sind altersangemessene Verpflichtungen des Kindes im Haushalt. Unter weitere soziale Ressourcen innerhalb der Familie fallen ein hohes Bildungsniveau der Eltern, wie auch ein hoher sozioökonomischer Status. Zuletzt soll noch ein unterstützendes Netzwerk aus Verwandten, Freunden und Nachbarn genannt werden.

Im Kontext der Arbeit soll auch Bezug auf soziale Ressourcen in Bildungsinstitutionen genommen werden. Diese sind, ähnlich der Struktur innerhalb der Familie, auf klare, transparente und konsistente Regeln und Strukturen angewiesen, sowie auf ein wertschätzendes Klima. Die Fachkraft-Kind-Interaktion sollte von Wärme, Respekt und Akzeptanz geprägt sein und Leistungen und die Anstrengungsbereitschaft des Kindes positiv stärken. Weiterhin ist ein hoher, angemessener Leistungsstandard der Einrichtung, wie auch ihre Zusammenarbeit mit den Eltern des Kindes und anderen Institutionen förderlich. Positive Freundschaftsbeziehungen und Peerkontakte stellen ebenfalls Schutzfaktoren dar (vgl. Fröhlich-Gildhoff, Rönnau-Böse 2015, S.30).

2.3.3 Umgebungsbezogene Faktoren

Umgebungsfaktoren oder Faktoren im weiteren sozialen Umfeld sind kompetente und fürsorgliche Erwachsene außerhalb einer Familie (ErzieherIn, LehrerIn, Freunde, Bekannte etc.), welche Vertrauen fördern, Sicherheit vermitteln und auch positive Rollenmodelle darstellen. Ressourcen auf kommunaler Ebene, wie Angebote der Familienbildung durch Beratungsstellen, Frühförderstellen, Gemeindearbeit etc., bieten ebenfalls soziale Hilfestellen, wie auch gute Beschäftigungsmöglichkeiten und regelmäßige Sozialkontakte (vgl. Fröhlich-Gildhoff, Rönnau-Böse 2015, S.31).

2.3.4 Religion als Schutzfaktor

Laut der amerikanischen Resilienzforscherin Amy E. Werner ist auch Religion ein Schutzfaktor für Kinder.

> „Eine religiöse Überzeugung ist ebenfalls ein Schutzfaktor im Leben von Risikokindern. Sie gibt den widerstandsfähigen Jungen und Mädchen Stabilität, das Gefühl, dass ihr Leben Sinn und Bedeutung hat, und den Glauben, dass sich trotz Not und Schmerzen die Dinge am Ende richten werden."

(vgl. Werner 2007, S.24)

Somit kann religiöse Bildung und Erziehung Kindern Sicherheit geben und dadurch ihre psychische Widerstandskraft stärken und unterstützen.

2.4 Resilienzfaktoren

Resilienzfaktoren sind „Eigenschaften, die das Kind in der Interaktion mit der Umwelt sowie durch die erfolgreiche Bewältigung von altersspezifischen Entwicklungsaufgaben im Verlauf erwirbt; diese Faktoren haben bei der Bewältigung von schwierigen Lebensumständen eine besondere Rolle" (Wustmann 2004, S. 46).

2.4.1 Selbst- und Fremdwahrnehmung

In diesem Abschnitt soll zunächst ein kurzer Einblick in die Emotionsregulation gegeben werden. Diese beschreibt die „Fähigkeit, auf die eigenen Emotionen Einfluss zu nehmen" (Höhl, Weigelt 2015, S. 108). Diese können in ihrer Intensität gesteuert und somit gesteigert oder vermindert werden. Doch auch die Qualität und der Ausdruck einer Emotion ist beeinflussbar. Der Erwerb dieser Kompetenz stellt eine wichtige Entwicklungsaufgabe dar. Kinder lernen nicht nur ihre Gefühle zu regulieren, sondern sie auch den sozialen Erwartungen anzupassen. Besonders im Vorschulalter werden zahlreiche Strategien hierfür entwickelt und im Laufe der nächsten Jahre angewandt und angepasst (vgl. Höhl, Weigelt 2015, S. 108f.). Zu solchen Strategien zählt die Ablenkung, die schon sehr früh genutzt wird, da auch Erwachsene sie verwenden, um Säuglinge und Kleinkinder positiv zu beeinflussen. Sie wird also von den Kindern adaptiert und schon im Kleinkindalter erfolgreich angewandt (vgl. Höhl, Weigelt 2015, S. 109). Auch das Bagatellisieren einer Situation oder die Distanzierung werden im Vorschulalter zur Emotionsregulation angewandt. Diese Form ist maßgeblich von den sprachlichen Fähigkeiten eines Kindes abhängig. Durch sprachliche Umdeutung kann das Kind Handlungsimpulse unterdrücken und sich von einer bestimmten Situation distanzieren. Diese Kompetenz wird insbesondere durch Rollenspiele trainiert und erprobt. Als letzte Strategie soll der Belohnungsaufschub genannt werden. Einen aktuellen Wunsch zugunsten einer höheren Belohnung in der Zukunft aufzuschieben, ist ein wichtiger Indikator für Resilienz. Kinder, die den Belohnungsaufschub als Strategie gut anwenden können, unterscheiden sich von anderen Kindern dahingehend, dass sie sich sozial und kognitiv kompetenter entwickeln und bessere schulische Leistungen erbringen sowie einen erfolgreicheren Umgang mit Stress und Frustration aufweisen (vgl. Höhl, Weigelt 2015, S. 111). Dies weist darauf hin, dass Selbstwahrnehmung, also die ganzheitliche Wahrnehmung der eigenen Fähigkeiten und Emotionen, einen wichtigen Beitrag zur Resilienzförderung darstellt. Ein weiterer Punkt ist auch die Reflexion der wahrgenommen Gefühle. Hier werden die eigenen Kompetenzen und Gefühle in Bezug zu anderen Personen und auch in Beziehung zu sich selbst gesetzt und in Verhältnis zur eigenen Wahrnehmung gesetzt. Dies wird unter dem Begriff „Fremdwahrnehmung" beschrieben (vgl. Fröhlich-Gildhoff, Rönnau-Böse 2015, S. 44).

Resiliente Kinder können ihre verschiedenen Gefühle erkennen und auf unterschiedliche Weisen durch Mimik, Gestik und Sprache adäquat ausdrücken. Sie können sowohl ihre eigene Stimmungslage als auch die Anderer erkennen und einordnen und ihre Gefühle und Gedanken reflektieren und in Bezug zu anderen setzen.

Um diese Fähigkeit der Selbstwahrnehmung zu erlangen, bedarf es sensibler Erwachsener, welche die Kinder in diesem Prozess unterstützen. Für den Bereich der Kindertagesbetreuung bedeutet dies, dass das Fachpersonal den Fokus vor allem auf die Sensibilität für den eignen Körper und die eigenen Gefühle legen soll. Um verschiedene Emotionen und Gefühlsqualitäten differenzieren zu können, wird geschultes Personal benötigt, um die Kinder in diesem Lernprozess zu unterstützen. Vor allem jedoch im Bereich des sprachlichen Ausdrucks haben die ErzieherInnen die Aufgabe, verschiedene Worte für Gefühle zu verwenden, um diese dauerhaft in den Sprachgebrauch der Kinder zu integrieren. In der Praxis bedeutet dies, dass das pädagogische Personal mit den Kindern Gefühle reflektieren und Übungen zur Körperwahrnehmung, wie Meditationen und Achtsamkeitsübugnen in den Alltag einbauen soll. Doch auch Bilderbücher, (biblische) Geschichten und Märchen können helfen, Gefühle bei anderen zu erkennen und in Bezug zu anderen zu setzen.

2.4.2 Selbststeuerung

Die Selbststeuerung bzw. Selbstregulation ist ein weiterer wichtiger Resilienzfaktor. Er definiert sich durch die „Kompetenz, emotional flexibel auf unterschiedliche Belastungssituationen reagieren zu können und je nach Anforderung den Erregungszustand herauf- oder herunterzuregulieren." (Fröhlich-Gildhoff, Rönnau-Böse 2015, S. 49). Resiliente Kinder können somit sich und ihre Gefühlszustände regulieren und auch kontrollieren. Sie können sich selbstständig beruhigen bzw. wissen, welche Hilfsmittel sie dafür brauchen, oder wo sie sich Hilfe holen können. Sie kennen Strategien zur Selbststeuerung und Handlungsalternativen und können inneren Anforderungen beggnen und diese bewältigen. Dies lernt das Kind zunächst mit Hilfe seiner wichtigsten Bezugspersonen, in der Regel also seiner Eltern. Eine sinnvolle und angemessene Affektabstimmung dieser Bezugspersonen ist somit unerlässlich für eine positive Entwicklung der Gefühle und dadurch auch der Emotionsregulation. Erst ab dem fünften Lebensjahr gelingt es Kindern ihre Emotionen selbstständig und ohne soziale Rückversicherung zu regulieren (vgl. Fröhlich-Gildhoff, Rönnau-Böse 2015, S. 48f.). Diese Entwicklung führt auch zu Empathiefähigkeit und emotionaler Perspektivenübernahme. Wenn innere Spannungszustände nicht durch die Bezugspersonen aufgehoben bzw. zumindest reduziert werden, bleibt das Kind in einem ständigen Erregungszustand. Hieraus ergibt sich die Bedeutung der Selbstregulation, auch für den Kindertagesstättenbereich. Ein positives emotionales Klima im Kindergarten ist einer der wichtigsten Faktoren in diesem Bereich. Einen wichtigen Teil nimmt der offene Umgang mit Gefühlen, z.B. durch Versprachlichung dieser, wie bereits im Punkt 2.4.1 Selbst- und Fremdwahrnehmung angesprochen, ein. Entscheidend ist hierbei vor allem die Hilfestellung sowie das Anbieten von Handlungsalternativen im Umgang mit Gefühlen. Hier steht wieder die Selbstbeobachtung im Vordergrund. Darauf aufbauend können Emotionen differenziert wahrgenommen, benannt und interpretiert werden. Durch soziale Rückversicherung wird die Fremdwahrnehmung gefördert. Eine sensible Fachkraft, welche diese Rückversicherung wahrnimmt und aufgreift, ist unerlässlich für eine positive Entwicklung der Selbstregulation. Diese kann das Kind anleiten, Handlungsstrategien anzuwenden und neue Regulationsstrategien zu entwickeln (vgl. Fröhlich-Gildhoff, Rönnau-Böse 2015, S. 48f.). Motivation, Rituale und Regelspiele können hierbei in der Praxis Anwendung finden.

2.4.3 Selbstwirksamkeit

Selbstbeschreibung von Aaron, drei Jahre und zehn Monate alt:

> „Ich bin manchmal böse und manchmal lieb. Ich spiele so gern mit der Feuerwehr und ich mag eine Ritterburg [haben], wenn ich älter bin. Ich kann so gut auf einem Bein stehen, ohne Festhalten! Und auch balancieren. Ich raufe so gern mit Papa. Ich trinke so gerne Salbeitee. Ich lese so gerne Bücher und ich spiele so gerne mit meinen Rennautos."

(Höhl, Weigelt 2015, S.48)

Dieses Selbstkonzept des Jungen zeigt auf, dass diese stark abhängig von kognitiven und sprachlichen Fähigkeiten sind. Im Kindergartenalter beschreiben sich Kinder vorwiegend anhand ihres Äußeren, ihres Besitz und konkreter, beobachtbarer Kompetenzen. Wie auch das Beispiel zeigt, werden diese Attribute häufig wenig kohärent aneinandergereiht (vgl. Höhl, Weigelt 2015, S. 48). Mit zunehmendem Alter nimmt die Abstraktionsfähigkeit zu, sodass aus zahlreichen Situationen relevante Informationen über das eigene Verhalten und Kompetenzen extrahiert, in Bezug zu anderen bewertet und ins Selbstbild integriert werden. Resiliente Kinder haben Vertrauen in ihre Fähigkeiten und verfügbare Mittel und sind der Überzeugung, bestimmte Ziele trotz Hindernisse und nötiger Überwindung erreichen zu können. Sie sind also selbstwirksam (vgl. Fröhlich-Gildhoff, Rönnau-Böse 2015, S. 46). Zentral ist hier die Erwartung, ob das eigene Handeln zu (gewünschten) Effekten führen kann oder nicht. Dies beeinflusst bereits das Herangehen an Situationen und Aufgaben und dadurch die Bewältigungsstrategien. Das Gelingen oder Misslingen führt häufig zu einer Bestätigung des eigenen Selbstwirksamkeitserlebens. Diese Erwartungen wiederum sind stark von bisher gemachten Erfahrungen abhängig. Ein besonderer Schwerpunkt liegt hier auf den ersten Lebensjahren und auf sogenannten „Urheberschaftserfahrungen" (Stern 1992), also die Möglichkeit, Handlungen auf sich selbst zu beziehen. Durch dieses Selbstwirksamkeitserleben werden auch spezifische Überzeugungen, eine Situation kontrollieren zu können geschult sowie die realistische Einschätzung von Ereignissen auf deren tatsächliche Ursache (vgl. Fröhlich-Gildhoff, Rönnau-Böse 2015, S. 47). Resiliente Kinder sind somit davon überzeugt, über genügend Kompetenzen zu verfügen, um schwierige Situationen zu bewältigten und mit dem eigenen Handeln etwas bewirken zu können.

In Kindertagesstätten kann die Selbstwirksamkeit im alltäglichen Handeln geschult werden, indem Kinder eigenständig Erfahrungen machen dürfen, ohne fortwährende Kontrolle oder eingreifendes Verhalten von Erwachsenen erleben zu müssen. Spezifische Förderung kann durch gezieltes Aufzeigen von Stärken und Kompetenzen erfolgen, sowie deren sprachliche Begleitung.

2.4.4 Soziale Kompetenz

Resiliente Kinder zeugen auch von sozialer Kompetenz. Diese zeichnet sich dadurch aus, dass Kinder auf andere Menschen zugehen und zu diesen Kontakt aufnehmen können. Sie zeigen emphatisches Verhalten und können soziale Situationen adäquat einschätzen. Weiterhin können sie sich auch selbst behaupten und Konflikte angemessen lösen. Soziale Kompetenz ist somit die „Verfügbarkeit und angemessenen Anwendung von Verhaltensweisen (motorischen, kognitiven und emotionalen) zur Auseinandersetzung mit konkreten Lebenssituationen, die für das Individuum und/ oder seine Umwelt relevant sind" (Sommer 1977, S. 75, zit. n. Fröhlich-Gildhoff/, Rönnau-Böse 2009, S. 50). Abhängig ist dieses Verhalten von bis dahin gemachten Erfahrungen und dem Alter des Kindes, doch auch von der aktuellen Situation. Besonders hervorzuheben ist hier die Art und Bedeutung der jeweiligen sozialen Gruppe, deren geltende Normen und Regeln, doch auch die Komplexität der Situation. Somit ist es wichtig, die Komplexität der sozialen Kompetenz differenziert zu betrachten (vgl. Fröhlich-Gildhoff, Rönnau-Böse 2015, S. 50f.). Dies lässt sich unterteilen in:

Die Wahrnehmung und Interpretation sozialer Situationen

Dieser Punkt zeigt die Überschneidung der Resilienzfaktoren Selbstwahrnehmung und Selbstwirksamkeit: die soziale Kompetenz wird insbesondere von der Wahrnehmung und Verarbeitung der Informationen in sozialen Situationen beeinflusst. Ein Kind mit geringem Selbstwertgefühl erlebt Situationen anders als andere Kinder mit gleichem Entwicklungsstand und wird maßgeblich von diesem beeinflusst sowie seine Handlungsmöglichkeiten stark eingeschränkt.

Emotionale Kompetenz und Empathie

Emotionale Kompetenz beschreibt die Fähigkeit, sich seiner eigenen Gefühle bewusst zu sein und diese sprachlich ausdrücken sowie regulieren zu können. Empathie ist das Vermögen, sich in andere hineinversetzen und deren Gedanken und Gefühle nachvollziehen zu können.

Verhaltensmöglichkeiten in der Situation

Die Grundfähigkeiten zur Kommunikation werden bereits in der frühen Kindheit erlernt. Dazu gehören Kontaktaufnahmen durch Blickkontakt, Mimik und Gestik. Später erfolgt das Erleben von Worten und Angeboten, die Aufrechterhaltung der Kommunikation und Anwendung von Kommunikationsregeln wie Andere ausreden zu lassen, aktives zuhören, Pausengestaltung, Wahrung angemessener Distanz, Spiegeln von Worten und Emotionen, Komplimente geben und empfangen können, sowie konstruktive Kritik üben und annehmen können. Zur Beendigung der Kommunikation gehören Verabschiedung und Abgrenzung, insbesondere bei negativem Einfluss.

Spezifische Verhaltensrealisierung

Vor allem bei der Lösung von Problemen und der Selbstbehauptung zeichnet sich angemessenes Verhalten dadurch aus, dass Kinder ihre eigenen Ansprüche und Bedürfnisse in angemessener, nichtaggressiver Weise durchsetzen. Auch die Fähigkeit „Nein" zu sagen, Wünsche zu äußern und Forderungen zu stellen, gehört in diese Rubrik. Die Verhaltensrealisierung steht ebenfalls in direkter Verbindung mit der Selbstwahrnehmung und Selbstwirksamkeit.

Selbstreflexive Beurteilung von Konsequenzen

Sozial kompetente Kinder sind dazu imstande, ihr Verhalten selbstständig oder mit der Hilfe durch andere zu beurteilen und daraus die Folgen für nachfolgende Situationen zu ziehen (vgl. Fröhlich-Gildhoff, Rönnau-Böse 2015, S. 51f.).

Gefördert werden kann die soziale Kompetenz durch Erwachsene, Vorbilder deren Emotionen, Mimik und Gestik nachvollziehbar und stimmig sind. Dadurch können Kinder Reaktionen adäquat abschätzen und Handlungsabsichten und -folgen nachvollziehen. Dies dient auch präventiv zur klaren Reflexion und Lösung von Konflikten, da Struktur und klare Regeln die Möglichkeit bieten, sich in andere hineinzuversetzen und Lösungsstrategien zu entwickln. Zur Förderung der sozialen Kompetenz dienen somit die Reflexion sozialer Situationen, z.B. anhand von Fotos, Bildern, etc., doch auch (biblische) Geschichten und Rollenspiele können hier Anwendung finden.

2.4.5 Aktive Bewältigungskompetenz

Stressbelastete Situationen treten als sogenannte Stressfaktoren auf: Entwicklungsaufgaben, kritische Lebensereignisse und alltägliche Belastungen. Wenn Anforderungen die Anpassungsfähigkeiten überfordern und es somit ein Ungleichgewicht zwischen Kind und Umwelt entsteht, kommt es zu Stress. Meist erfolgt eine Häufung von Stressfaktoren, welche in ihrer Summe das Kind überfordern. Dies ist jedoch auch von der subjektiven Bewertung des Kindes abhängig. Ob eine Situation als lediglich unwichtig, positiv oder stressbezogen bewertet wird, hängt wiederum von bisherigen Erlebnissen, Möglichkeiten der kognitiven Situationsbewältigung, den sozialen und emotionalen Kompetenzen des Kindes und den Fähigkeiten der Selbststeuerung ab. Hier wird wieder ein starker Zusammenhang mit den anderen Resilienzfaktoren erkennbar. Im nächsten Schritt sucht das Kind nach Möglichkeiten der Bewältigung des Problems. Diese sind sogenannte „Copingstrategien", aktive Strategien beispielsweise das Einholen von Unterstützung bzw. Informationen durch Dritte oder die direkte Auseinandersetzung mit dem Problem.

Diese Bewältigungsformen werden unterteilt in „offene Handlungen", wie dem Problemlöseverhalten, Vermeidungs-, Flucht- und Angriffsverhalten, Suche nach Unterstützung durch das soziale Umfeld, Entspannungsübungen, etc.) und „innere psychische Vorgänge", d.h. Verdrängung, Verharmlosung, Ablenkung, Selbstmitleid oder Selbstermutigung (vgl. Aßhauer 1999, S. 15 zit. n. Fröhlich-Gildhoff, Rönnau-Böse 2015, S. 53). Resiliente Kinder können demnach für sie stressige Situationen einschätzen und kennen ihre Grenzen. Sie kennen verschiedene Bewältigungsstrategien und können diese angemessen einsetzen. Sie wissen, wo sie sich Unterstützung holen können und wann diese für sie notwendig wird. Weiterhin können sie Situationen reflektieren und bewerten.

Um diese aktive Bewältigungskompetenz zu unterstützen, ist es wichtig im Kindergartenalltag den Begriff und die Umstände von Stress zu erklären und gemeinsam mit den Kindern zu reflektieren, was ihre individuellen Stresssituationen sind. Es können verschiedene Strategien aufgezeigt und geübt werden, wie z.B. Entspannungsübungen, Meditationen etc., doch auch bewegungsförderliche Angebote und Orte, an denen sich Kinder zurückziehen können sollen aufgezeigt werden.

2.4.6 Problemlösefähigkeit

Als letzter Resilienzfaktor ist die Problemlösefähigkeit zu nennen. Diese Kompetenz ist nicht nur notwendig, um Hindernisse bewältigen zu können, sondern auch für die allgemeine Weiterentwicklung und Ausbildung der Gehirnstrukturen. Nach Laux (1992) wird die Problemlösefähigkeit in weitere Teilkompetenzen differenziert: Entdeckungskompetenz, Zielfindungskompetenz, Planungskompetenz, Entscheidungskompetenz, Handlungskompetenz (vgl. Fröhlich-Gildhoff, Rönnau-Böse 2015, S. 54f.). Zur Resilienzentwicklung ist vor allem die Planungskompetenz bedeutsam. Durch diese können zielorientierte Pläne verfolgt und auch bei Störungen durch effektive Strategien weiter verfolgt werden. Durch die Zielorientierung steigt auch die Motivation, sich mit Belastungen und Hindernissen auseinanderzusetzen. Die Planungskompetenz beinhaltet weiterhin die Analyse der eigenen Möglichkeiten und Ressourcen (s.h. Selbstwirksamkeit und soziale Kompetenz) und hilft den Kindern somit realistischer und besser vorbereitet auf stressbelastete Situationen reagieren zu können. Resiliente Kinder haben also gelernt, sich realistische Ziele zu setzen und halten sich für selbstwirksam, so dass sie sich trauen, Probleme direkt anzugehen. Hierzu kennen sie passende Lösungsstrategien und können diese auf verschiedene Situationen anwenden oder bei Bedarf weitere entwickeln.

Um die Problemlösefähigkeit im Kita-Alltag angemessen zu fördern, bedarf es kompetentes Personal, welches Kindern grundsätzlich zutraut, Probleme selbstständig zu lösen und erst dann Unterstützung anbietet, wenn das Kind darum bittet oder auch nach Ermutigung mit der Lösung des Problems nicht voranschreitet. Hier ist besonders auf Alltagsaktivitäten zurückzugreifen: Die Planungskompetenz der Kinder wird maßgeblich durch das Bewusstmachen von Abläufen geschult. Um Strategien entwickeln zu können, sollen sie (Arbeits-) Schritte im Kita-Alltag nachvollziehen können. Zusammen mit den Kindern kann man Alltagsprobleme reflektieren und weitere Unterstützungsmöglichkeiten aufzeigen. Somit ist vor allem der Einbezug in alltägliche Planungs- und Entscheidungsprozesse förderlich (vgl. Fröhlich-Gildhoff, Rönnau-Böse 2015, S. 55ff.).

2.5 Quellen von Resilienz (vgl. Grotberg 2011)

In dem Arbeitsbuch „The Early Yeras. Assessing and Promoting Resilience in Vulnerable Children" von Daniel und Wassell (2002, S. 13) werden drei Grundbausteine beschrieben, welche Resilienz stützen.

Diese sind:

Eine sichere Basis (Ich habe)

Das Kind erlebt ein Gefühl der Zugehörigkeit und Sicherheit, welches ihm ermöglicht, sich aktiv explorierend mit seiner Umwelt auseinander zusetzten.

Eine gute Selbst-Wertschätzung (Ich bin)

Das Kind hat die verinnerlichte Vorstellung, etwas wert zu sein und zu können, also Selbstvertrauen vorrangig aufgrund von Kompetenzerfahrungen.

Ein Gefühl der Selbstwirksamkeit (Ich kann)

Das Kind hat das Gefühl, Einfluss nehmen und Kontrolle ausüben zu können, gemeinsam mit einem realitätsbezogenen Wissen über die persönlichen Stärken und Grenzen.

Diese Bausteine der Resilienz sollen nun noch anschaulich in der folgenden Grafik dargestellt werden.

- vertrauensvolle Beziehungen
- Struktur und Regeln Zuhause
- Vorbilder
- Ermutigung und Autonomie
- Zugang zu Gesundheits-, Bildungs-, Fürsorge und Hilfseinrichtungen

- kommunizieren
- Probleme lösen
- meine Gefühle und Impulse im Griff behalten
- mein Temperament und das Anderer einschätzen
- vertrauensvolle Beziehungen herstellen

- es wert, geliebt zu werden
- liebevoll, mitfühlend und altruistisch
- stolz auf mich
- autonom und verantwortungsvoll
- voller Hoffnung, Glaube und Vertrauen

Quelle: Eigene Darstellung

Die Quellen von Resilienz sollen nun in Zusammenhang mit religiöser Erziehung und Bildung im Kindergarten gesetzt werden. Im Fokus steht hier die christliche Erziehung, da das Christentum in Deutschland am häufigsten unter den Religionen vertreten ist.

Ich habe

Vertrauensvolle und wertschätzende Beziehungen sind eine der wichtigsten Quellen von Resilienz. Enge und emotional geprägte Beziehungen vermitteln Sicherheit und Schutz. Das Gefühl der Akzeptanz durch Erwachsene und Vorbilder prägen die Entwicklung des Selbstwertgefühls und geben Kraft. Grundlage der christlichen Erziehung ist das biblische Menschenbild. Der Mensch, hier das Kind, ist von Gott gewollt und nach seinem Ebenbild erschaffen. Kinder sind eine Gabe Gottes, für die Eltern und pädagogische Fachkräfte Verantwortung tragen. Sie dienen dem Kind somit als Vorbilder und sollten sich deshalb auch der eigenen Unzulänglichkeiten bewusst sein und entsprechend damit umgehen. (Teil-) Ziele christlicher Erziehung sind Wahrhaftigkeit, Verantwortung, Vertrauens- und Friedensfähigkeit, Toleranz, Liebe, Geduld, Leistungsbereitschaft, Kreativität, Selbstannahme als Geschöpf Gottes, Gehorsam, Verzicht, Ausdauer, Lernbereitschaft, Gerechtigkeit, Bereitschaft zum Dienst für andere und Hoffnung (vgl. Gnadauer Pädagogischer Arbeitskreis, 2005). Die pädagogische Fachkraft kann jedoch nur vorbereitend arbeiten, da auch dem erzieherischen Handeln Grenzen gesetzt sind. Die Aufgabe liegt hierin, das Kind zu ermutigen und Autonomie auch und vor allem im Bereich der religiösen Bildung zuzulassen und zu fördern. Auch in der Kindertagesstätte sind Struktur und Regeln unerlässlich. Durch religiöse Rituale, Feste im Jahreskreis, Gebete, biblische Erzählungen, Meditationen uvm. erhält das Kind verbindliche und verlässliche Strukturen und dadurch Sicherheit. Eines der methodischen Grundprinzipien der christlichen Erziehung ist Liebe, wie sie den Menschen in Jesus Christus als Gottes Liebe begegnet. In der Erziehung äußert sich dies durch einen wertschätzenden, verständnisvollen, offenen und dennoch strukturierenden, vergebenden, versöhnenden, freudvollen Umgang und durch aktives Zuhören. Die notwendigen Freiräume zur Entwicklung des Kindes werden gewährt und eine wertschätzende Atmosphäre geschaffen (vgl. Gnadauer Pädagogischer Arbeitskreis, 2005).

Ich kann

Durch die Auseinandersetzung mit religiösen Aspekten im Leben brauchen Kinder die Möglichkeit, sich darüber auszutauschen. Die Aufgabe der pädagogischen Fachkraft liegt hierin, diese Prozesse zu erkennen, zu beobachten und zu dokumentieren. Das Kind sollte einen Gesprächspartner zum Austausch erhalten und dadurch die Kompetenz der Kommunikation erlernen und ausbauen. Dies ermöglicht auch die theoretische und praktische Auseinandersetzung mit Problemen. Im Gespräch mit anderen können Probleme erörtert und diskutiert werden, um letztendlich Lösungsmöglichkeiten zu finden und dies eventuell auszuprobieren. In der christlichen Erziehung wird der Mensch ganzheitlich betrachtet. Emotionen, positive wie negative, gehören zum Menschen dazu und sollten alle in ihrer Art gewürdigt werden. Ein offener und reflektierter Umgang der pädagogischen Fachkraft mit ihren eigenen Emotionen, als auch denen der Kinder, fördert einen verantwortungsbewussten und hilfreichen Umgang des Kindes mit den eignen Gefühlen und ermöglicht das Erlernen von Methoden zur Gefühlsregulation sowie das Einschätzen der Emotionen anderer.

Ich bin

Unter dem Punkt „Ich habe" wurden bereits die Ziele christlicher Erziehung genannt. Darunter fallen nun auch die Aspekte von „Ich bin". Die Förderung des Gefühls etwas wert zu sein, geliebt zu werden, ist ein wichtiger Bestandteil der christlicher Erziehung, da Liebe, Geduld, die Selbstannahme als Geschöpf Gottes und Vertrauens- und Friedensfähigkeit diese Selbstannahme direkt fördern. Darunter fallen dementsprechend auch der liebevolle, mitfühlende und altruistische Umgang mit anderen. Auch Verantwortungsbewusstsein und Autonomie werden gefördert, und Hoffnung, Glaube und Vertrauen sind ein wichtiger Bestandteil christlicher Erziehung.

Betrachtet man nun die Quellen von Resilienz im Kontext christlicher Erziehung, sind viele Parallelen zu betrachten. Christliche Erziehung und allgemein religiöse Bildung tragen einen wichtigen Beitrag zur Resilienzförderung bei und stärken das Kind in seiner Selbst- und Fremdwahrnehmung.

3 Kontexte religiöser Erziehung und Bildung

3.1 Religiöse Sozialisationsfaktoren im Kindergartenalter

Der Duden definiert den Begriff der Sozialisation als „Prozess der Einordnung des Heranwachsenden Individuums in die Gesellschaft und die damit verbundene Übernahme gesellschaftlich bedingter Verhaltensweisen durch das Individuum". Durch die aktive Auseinandersetzung mit der Umwelt entwickelt sich die menschliche Persönlichkeit, aber auch die eigene Religiosität. Die religiöse Sozialisation bezieht sich somit einerseits auf die Werte der Gesellschaft und andererseits auf die Ausdrucks- und Lebensformen des Glaubens der Kirche. Kindergartenkinder begegnen diesen Sozialisationsfaktoren im Rahmen der Familie, im Kindergarten und in der kirchlichen Gemeinde, doch auch in der Gesamtgesellschaft.

Der erste und wichtigste Sozialisationsfaktor im allgemeinen und auch im religiösen Sinne ist die Familie. Unter anderem aufgrund der religiösen Pluralität und auch wegen individuellen religiösen Unsicherheiten, sind viele Eltern verunsichert, wie sie Themen von Religion, Glauben und Kirche in die Erziehung der Kinder einbinden sollen. Diese „erlebte Diffusität" (vgl. Fleck 2010, S.26) stellt für die kindliche Entwicklung ein Problem dar. Göpfert und Ohly sprechen davon, dass das Gefühl der Hoffnung in der Kindheit in seiner vollendeten Form der Glaube ist. Die Aufgabe der Eltern ist es somit, dass unvollendete Gefühl zum Glauben zu führen. Daraus ergibt sich, dass die Erziehungsberechtigten selbst im Glauben gefestigt sein müssen oder zumindest den Willen haben, sich damit auseinanderzusetzen (vgl. Göpfert, Ohly 1977, S.14). Aufgrund der zunehmenden Verunsicherung wird diese Aufgabe häufig in die Kindertagesstätte verlagert, den zweiten Sozialisationsort religiöser Bildung. Deshalb suchen viele Eltern religiöse Kindergärten auf, um Kinder an einen vertrauensvollen Glauben an Gott heranzuführen. Der christliche Glaube ist von Freiheit und Vertrauen in das Leben bestimmt, gibt Kraft und trägt somit auch viel zur Identitätsfindung und Lebenszufriedenheit der Kinder bei. Besonders in der modernen Gesellschaft, in der viele Personen Orientierungsschwierigkeiten und Wertverlust erleben, kann Glaube stabilisieren und christliche Werte eine wichtige Rolle bei der Persönlichkeitsentwicklung spielen (vgl. Lauther-Pohl 2014, S.14f.).

Die Hauptaufgaben der Kindertageseinrichtungen sind Bildung, Erziehung und Betreuung der Kinder. Aufgrund der Rahmenbedingungen, wie beispielsweise dem aktuellen Fachkräftemangel in Deutschland, der großen Gruppenstärke und dem institutionellen Rahmen, ist es häufig nicht möglich die mangelnde religiöse

Bildung des Elternhauses nachzuholen. Dennoch ist der Einfluss der Einrichtung nicht zu unterschätzen. Hier bauen die Kinder häufig zum ersten Mal außerhalb des Elternhauses neue Beziehungen auf, was neue Gespräche, Erfahrungen und Anknüpfungspunkte eröffnet. Hier ist es sehr bedeutsam, dass die pädagogischen Fachkräfte in ihrer Rolle als Bildungsbegleiter gefestigt sind, auch im religiösen Bereich. Durch Rituale, religiöse Feiern, biblische Geschichten und vor allem ein Eingehen auf die Fragen der Kinder und gemeinsames Erörtern dieser, kann religiöse Bildung im Elementarbereich gestaltet werden (vgl. Fleck 2010, S. 26). Dies soll im Kaptiel 4. Resilienzförderung durch religiöse Erziehung genauer beschrieben werden.

Als letzter Ort religiöser Sozialisation ist die kirchliche Gemeinde zu nennen. Ob mit der Familie oder der Kindergartengruppe: Hier findet sich ein weiterer Anknüpfungspunkt religiöser Fragen, welche nun vornehmlich in Gruppen untersucht werden. Durch Gottesdienste, Feste, Ferienfreizeit und Kindergottesdienste können Kinder Religion im gesellschaftlichen Rahmen erleben.

3.2 Religiöse Bedürfnisse

Im ersten Kapitel wurde die Frage gestellt, unter welchen Bedingungen Kinder heute aufwachsen und inwiefern Religion ihnen dabei helfen kann, Herausforderungen im Leben zu meistern. Es handelt sich hierbei also um eine funktionale Sicht, welche sich mit dem Gewinn von religiöser Bildung für Kinder beschäftigt. Jedes Kind hat ein Recht auf Religion und das Ausleben religiöser Bedürfnisse. Religiöse Fragen und das Nachdenken darüber sind ein wichtiger Teil im Leben und schaffen Lebensqualität. In Artikel 14 der UN-Kinderrechtskonvention von 1989 ist dieses Grundrecht auf Religion verankert. Kindern die Dimension der Religion vorzuenthalten würde bedeuten, ihnen wichtige Entwicklungsprozesse vorzuenthalten. Die Aufgabe für Kindertageseinrichtungen erschließt sich daraus und bedeutet, dass diese Raum und Angebote für Kinder schaffen müssen, um sie in diesen Prozessen zu unterstützen und zu fördern (vgl. Lauther-Pohl 2014, S.16f.)

Orientierung und Sicherheit (vgl. Hugoth 2012, S. 22ff.)

Die Beschleunigung und der schnelle Wandel von Themen und Alltagspraktiken der Gesellschaft und im Elternhaus beeinflusst auch den Alltag der Kinder. Natürlich gab es schon immer eine Pluralität an Meinungen und Einstellungen, doch diese haben in den letzen Jahren deutlich zugenommen und haben auch eine neue Vielfalt erreicht. Kinder müssen schon früh lernen, sich selbst Gedanken zu einem

Thema zu machen, um eine eigene Meinung zu bilden und diese auch vertreten zu können. Durch die schnell wechselnden Auffassungen und Lebensweisen können jedoch Irritationen bei Kindern auftreten und somit ein verstärkter Orientierungs- und Sicherheitsbedarf entstehen. Durch die Beschäftigung mit religiösen Themen können Kinder Neues entdecken, an das sie glauben und an dem sie sich orientieren können. Aufgrund der Erfahrung, dass man Gott vertrauen kann und dieser Glaube Menschen zusammenführt, entsteht Sicherheit. Auch der Ausdruck des gemeinsamen Glaubens durch Bilder, Symbole, Feste, Feiern, Gebete oder Gottesdienste ermöglicht eine Orientierung im gesamten Jahreskreis.

Diversitätserfahrungen

Dadurch, dass in immer mehr Familien beide Elternteile berufstätig sind, werden immer mehr Kinder immer früher in Institutionen betreut. Unter anderem bietet dies die Möglichkeit, früh Erfahrungen mit anderen Kulturen und Religionen zu machen und diese kennenzulernen. Dies ist auch aufgrund der Migration von Geflüchteten und deren Kindern ein aktuelles Thema. Aufgrund der Multikulturalität in Deutschland ist es ein wichtige Aufgabe im Leben der Kinder mit dieser Diversität umzugehen zu lernen und in interkulturellen Lernprozessen ethische und kulturelle Faktoren kennen zu lernen. So können Kinder ihre eigene Identität im Vergleich zu anderen abstimmen (vgl. Hugoth 2012, S. 28f). Religiöse Bildung kann hier dazu beitragen, eine Gemeinschaft innerhalb der Gruppe und ein spirituelles Klima zu schaffen. Die Kinder erhalten hier die Möglichkeit, sich mit religiösen und spirituellen Fragen gemeinsam auseinanderzusetzen, um so voneinander zu lernen.

Bewegung, Ruhe und Beständigkeit (vgl. Hughoth 2012, S.33f.)

Schon früh wird von Kindern ein hohes Maß an Anpassungsfähigkeit und Flexibilität erwartet, um sich den Alltagsstrukturen der Erwachsenen anzupassen. Körperliche Betätigung, Ruhe und eine gewisse Beständigkeit im Alltag kommen dadurch häufig zu kurz. Durch religiöse Bildung können diese Aspekte jedoch wieder neu aufgefasst und belebt werden. Diese ist nicht leistungsorientiert, sondern passt sich der Person und der Situation an. Lernprozesse werden dadurch individualisiert und erhalten die notwendige Zeit. Durch den Besuch von religiösen Gebäuden wie Kirchen, Kapellen oder auch Wegkreuzen wird ein Zugang zur Heimat bereitgestellt. Die wiederkehrenden Feste und Bräuche im Jahresrhythmus geben Struktur und das Singen von religiösen Liedern oder das (Vor-) Lesen von Bibelgeschichten verleiht dem Tag Ruhe und Geborgenheit.

Diverse Zugänge zur Welt

Leider gibt es nur wenige und ausschließlich punktuelle Untersuchungen darüber, in welchen religiösen Erfahrungswelten Kindergartenkinder in Deutschland aufwachsen (vgl. Hugoth 2012, S. 58). Doch es gibt Untersuchungen über Gottesbilder und andere religiöse Ideen und Erfahrungen. Kinder haben also von Anfang an, auch mit scheinbar schwindender Religiosität von außen, religiöse Auffassungen und das Bedürfnis, diese zu artikulieren und in ihre Welt einzuordnen.

Kinder treffen in vielen Bereichen ihres Lebens auf Religion. In Form von Kirchengebäuden und Moscheen, Kapellen, (Gipfel-) Kreuzen, kirchlichen Kindergärten, im Religionsunterricht in der Schule (z.B. bei älteren Geschwistern) oder auch an Festen der Kirchen und zunehmend des Islams und anderer Religionen finden sie Anschlusspunkte an religiöse Kulturen. Sie erfahren, dass verschiedene Menschen in verschiedenen Kulturen an verschiedene Gottheiten glauben und diesen Glauben auch unterschiedlich leben. Kinder erleben verschiedene religiöse Rituale und Feste im Kreise der Verwandtschaft wie Hochzeiten, Beerdigungen oder auch das (gemeinsame) Beten. Vor allem durch das Beten stellen Kinder fest, dass Gläubige bei Gott Rat und Schutz suchen oder ihm auch für Gutes in ihrem Leben danken. Es gibt also viele diverse Berührungspunkte im Alltag der Kinder mit der Welt der Religionen. Diese beantworten zum Teil (Sinn-) Fragen, doch lassen sie auch viele neue entstehen. Kinder benötigen hier Erwachsene und/ oder andere Kinder, welche sie hier beim Entdecken begleiten und zusammen das Erfahrene diskutieren, um es in ihre Welt einordnen zu können.

Auch Kinder denken über die Frage nach: „Gibt es Gott?". Im Anhang ist dazu ein Dialog zwischen Kindern zu finden, welcher hier kurz analysiert und als Fazit für den Aspekt der religiösen Sozialisationsfaktoren und Bedürfnisse im Kindergartenalter dienen soll. Der Dialog der Kinder zeigt, wie intensiv sich Kinder mit der Frage beschäftigen, wo der Ursprung der Welt liegt. Sie nutzen ihre bisherigen Erfahrungen und die Meinungen wichtiger Bezugspersonen, wie z.B. der Eltern („Da muss ich meine Mama fragen, wie die Welt entstanden ist", S.45) um theologische Fragen gemeinsam zu diskutieren. Die Kinder suchen nicht nach Widersprüchen in ihren Konzepten, sondern suchen zusätzliche Erklärungen. So antwortet Aylina auf die Frage, wer Gott erfunden hat, mit ihrer Lösung: „Die Wolken vielleicht?" (S.46). Sie stellt diese Möglichkeit als Hypothese zur Diskussion bereit. Dadurch wird deutlich, dass Kinder an einem gemeinsamen Prozess interessiert sind und mithilfe von Spekulation Thesen entwickeln, um sie dann auf Wahrheit zu überprüfen.

Für pädagogische Fachkräfte gibt es einige Verhaltensregeln, welche beachtet werden sollen und im Beispiel angewendet werden. So sollten die unterschiedlichen Meinungen der Kinder nicht bewertet werden, sondern lediglich aufgeführt und gegenüber gestellt werden, um eine Diskussion zu ermöglichen. Man kann darauf hinweisen, dass zwei oder mehrere Kinder unterschiedliche Meinungen vertreten und eventuell auf Widersprüche in den Konzepten aufmerksam machen, um anschließend gemeinsam mit den Kindern nach Lösungen zu suchen. Die persönliche Meinung sollte die Fachkraft erst freigeben, wenn sie ausdrücklich danach gefragt wird. Diese kann sie dann offen vertreten und auch begründen. Dennoch sollte den Kindern deutlich werden, dass auch andere Meinungen möglich und sogar erwünscht sind. Den Kindern darf auch bewusst werden, dass es verständlich und in Ordnung ist, wenn man über eine These Zeit zum Nachdenken braucht oder die eigene Meinung eventuell nicht preisgeben möchte (vgl. Scheidt 2011, S. 48f.).

4 Resilienzförderung durch religiöse Bildung

Unter Kapitel 2.4 wurden die sechs Resilienzfaktoren eingehend beschrieben. Doch auch das Entwickeln persönlicher Ziele und vor allem die subjektive Sinngebung nimmt einen großen Einfluss auf die seelische Gesundheit von Kindern und Erwachsenen. Während individuelle Zielsetzungen erst im jungen Erwachsenenalter zunehmend an Bedeutung gewinnen, spielt die Sinngebung schon im Kindesalter eine große Rolle, z.b. bei existentiellen Fragen nach dem Leben und Tod.

Religiöse Bildung hat zum Ziel, dass Kinder verschiedene Religionen wahrnehmen und sich mit diesen auseinanderzusetzen. Sie sollen erleben, dass die Geschehnisse in der Welt und die Ereignisse und Vorgänge im eignen Leben gedeutet und bewertet werden müssen und viele Menschen ihre Antworten hierfür im Glauben suchen und darin auch Halt finden. Für Kinder ist es wichtig zu lernen, dass der Glauben nicht beweisbar, dafür jedoch erfahrbar ist und durch Bekenntnis und Zeugnis gegenüber anderen vertreten werden kann. Kinder sollen wahrnehmen, wie Menschen eine Beziehung zu Gott haben und diese durch Gebete, Bilder, Symbole, Rituale und Feiern pflegen und ausdrücken, sowie ihre Gemeinschaft kennenlernen und daran teilhaben.

Religiöse Bildung stärkt die Wahrnehmungskompetenz von Kindern im Bereich der Religion und unterstützt sie dabei, religiöse Inhalte zu erschließen und zu reflektieren (vgl. Hugoth 2012, S. 103ff.).

Folglich stärkt Religion Kinder in der Ausbildung folgender Resilienzfaktoren:

Sie fördert die Identitätsbildung, die Entstehung eines positiven Selbstbildes, stärkt das Selbstbewusstsein, hilft bei der Bewältigung schwerer Situationen, leistet einen Beitrag bei der Frage nach Sinn und Werten und bei der Auseinandersetzung mit Werten und Normen (vgl. Betz 2996, S.8).

Die Frühpädagogik vertritt ein Bild vom aktiven Kind, welches seine Welt selbstständig und aktiv erschließt und konstruiert. Davon ist auch in der religiösen Bildung auszugehen, was zur Folge hat, dass Kinder eigenständig Beobachtungen anstellen, Fragen und Thesen aufstellen, Interessen entwickeln und Lösungen sowie Antwort- und Deutungsmöglichkeiten suchen. Sie konstruieren selbstständig Zusammenhänge und Verbindungen, welche sie mit anderen diskutieren und vergleichen möchten. Eine wertschätzende Beziehung zwischen Kind und pädagogischer Fachkraft ist hier unerlässlich, um ein Gespräch auf Augenhöhe führen zu können, um somit Kinder in ihrer Deutungskompetenz und Neugier auf Religion zu stärken. Dies hat auch zur Folge, dass vom Unterweisen der gewohnten Gepflogenheiten und Erklärungen von religiösen Ritualen und Deutungen von Symbolen abzusehen ist, sondern diese gemeinsam im Gespräch mit Kindern ko-konstruiert werden sollen. Dadurch werden Kinder ermutigt, weiter Fragen zu stellen, nachzudenken und sich neuen Themen zu widmen. Religiöse Bildung stagniert also nicht, sondern ist ein laufender Prozess in Gemeinschaft mit anderen (vgl. Hugoth 2012, S.115ff.). Für die Resilienzförderung im Kindergarten bedeutet dies, dass sich eine Vielzahl an Möglichkeiten aus dem Bereich der religiösen Bildung ergibt. Ein Kind kann als resilient bezeichnet werden, wenn es zum einen die Fähigkeit besitzt, in schwierigen oder bedrohlichen Situationen seine Ressourcen zu aktivieren (Erfahrungswissen, Selbstvertrauen, Vertrauen in Sinnhaftigkeit von Zuständen und Ereignissen, Selbstregulierung). Zum anderen wenn es sich durch soziale Interaktion Hilfe suchen kann und es in seinem sozialen Umfeld Zuspruch, Halt und Orientierung bzw. stabile Strukturen erfährt. Der Bereich der Religion bietet zahlreiche Möglichkeiten für die Entwicklung von Schutz- und Resilienzfaktoren. Glauben wird als Zuspruch und Anspruch erfahren, durch Anforderungen aus dem Glauben können Kinder ihre Kompetenzen erweitern, dadurch wachsen und somit fähig werden, bei Herausforderungen ihre Ressourcen zu aktivieren (vgl. Hugoth 2012, S. 137f.).

Ein interessanter und wichtiger Aspekt ist auch die sogenannte „Performative Didaktik", ein Ansatz der neuen Religionspädagogik. Dieser reagiert darauf, dass immer mehr Kinder ohne religiöse Sozialisation aufwachsen und will Religion als ganzheitliche Erfahrung interessant machen. Durch das Ausprobieren religiöser Praxis soll diese kennengelernt werden. Die Kinder können hier autonom und selbstbestimmt agieren und erleben sich als selbstwirksam in einem sozialen Kontext mit anderen. Sie erkennen hier die Gefühle anderer, sowie ihre eigenen und lernen diese einzuordnen (vgl. Lauther-Pohl 2014, S.31f.).

4.1 Empfehlungen des Bayerischen Bildungs- und Erziehungsplans

Im bayerischen Bildungs- und Erziehungsplan wird religiöser Glaube als personale Ressource eingestuft (vgl. stmas 2012, S. 70), findet jedoch ansonsten unter dem Kapitel der Widerstandsfähigkeit kaum Beachtung. In Kapitel 7.1 Werteorientierung und Religiosität hingegen wird auch eine deutliche Querverbindung von religiöser Bildung und Erziehung zu Resilienz gezeichnet (vgl. stmas 2012, S.165). Zudem wird auch als Beitrag religiöser (oder auch ethischer) Bildung gezählt, dass „Die Entwicklung der Fähigkeit des Umgangs mit Krisen, Brüchen und Übergängen in der Biografie" gestärkt wird (vgl. stmas 2012, S.162). Weiterhin kann die Stärkung des Selbstwertgefühls und der Selbstbestimmung auf Resilienz bezogen werden, sowie die Unterstützung der Kinder in ihrer „emotionalen, motivatonalen und sozialen Entwicklung" (vgl. stmas 2012, S. 162). Deutlich wird, dass der Bayerische Bildungs- und Erziehungsplan nicht nur die christliche Religion als wertvoll für Kinder betrachtet, sondern auch andere Religionen. Somit setzt er als Ziel „sich mit den vorbildlichen Formen von Religionen, Religiosität und Glauben auseinander [zu] setzen, Unterschiede wahr[zu]nehmen und sich der eignen religiös-weltanschaulichen Identität bewusst [zu] werden" (vgl. stmas 2012 S.162) und „den verschiedenen Religionen, deren Religiosität und Glauben offen [zu] begegnen" (vgl. stmas 2012 S. 163). Der Bildungsbereich Sinn oder Philosophie hat zum Ziel, dass Kinder die Dinge der Welt und das menschliche Leben ergründen und Zusammenhänge erfassen sollen und auch eigenständige Weltbilder entwerfen können. Theorien und Deutungsansätze sollen im Kita-Alltag gemeinsam reflektiert und mit anderen kommuniziert werden und die daraus entstehenden Einsichten und Erkenntnisse Konsequenzen für das Handeln der Kinder bieten (vgl. Hugoth 2012, S.101). Kinder sollen Fragen stellen dürfen und in diesen mit Wertschätzung, Respekt und Offenheit begegnet werden. Dadurch lernen sie verschiedene Antwortmöglichkeiten und Perspektiven kennen und können sich ein eigenes Bild von der Welt konstruieren. In diesem Vorgang sollen Kinder unbedingt gefördert und unterstützt werden. Dies ist auf verschiedene Arten möglich, welche im Anschluss dargestellt werden. Zunächst soll die Theorie von Lernumgebung, Zusammenarbeit mit Eltern und Kooperation mit Fachstellen erläutert werden und im Anschluss konkrete Beispiele aus dem Bayerischen Bildungs- und Erziehungsplan betrachtet werden.

4.1.1 Lernumgebung und Atmosphäre

Eine geeignete Lernumgebung ist unabdingbar. Diese kann in verschiedener Art und Weise gestaltet und ausgeprägt sein, abhängig von Träger, Team und Eltern. Im Allgemeinen sollten einschlägige und geeignete Bilderbücher zu verschiedenen Religionen und Themen jederzeit für Kinder zugänglich sein, sodass diese sich aus freiem Willen damit jederzeit auseinander setzen können. Hierzu ist auch eine passende Atmosphäre wichtig. Ein Ruheraum oder Raum der Stille kann eine solche Umgebung schaffen, sodass die Kinder ganz bei sich sein können. Auch religiöse Symbole, welche die, eventuell verschiedenen, Religionen der Kinder kennzeichnen sollten sichtbar sein und zu Gesprächen anregen. Um einen Lebensweltbezug zu schaffen, können auch Kindergottesdienste veranstaltet werden, Kirchen, Moscheen, Pfarrgemeinde, Kloster usw. besucht und als Projekt genauer untersucht werden. Offenheit und Wertschätzung aller Religionen ist hier unabdingbar, um alle Kinder und Fragen einzubeziehen und niemanden auszuschließen. Dadurch können sich die Kinder aufgrund der diversen Erfahrungen in Bezug auf Religion, aber auch im Punkt der Resilienz weiterentwickeln (vgl. stmas 2012, S. 167).

4.1.2 Zusammenarbeit mit Eltern

§9 Nr. 1 SGB VIII besagt:

Bei der Ausgestaltung der Leistungen und der Erfüllung der Aufgaben sind,

> 1. die von den Personensorgeberechtigten bestimmte Grundrichtung der Erziehung sowie die Rechte der Personensorgeberechtigten und des Kindes oder des Jugendlichen bei der Bestimmung der religiösen Erziehung zu beachten, [...]

somit muss jede Kindertageseinrichtung das Recht der Eltern der Bestimmung der religiösen Bildung und Erziehung des Kindes beachten und respektieren. Dennoch haben viele Kindertagesstätten bzgl. der religiösen Grundausrichtung der Einrichtung ein Konzept, in welches die Eltern mit Aufnahme des Kindes in der Kita einwilligen. Dadurch ist die Frage nach der Religionszugehörigkeit des Kindes bei der Aufnahme eine wichtige Frage und sollte offen von allen Beteiligten behandelt werden. Eltern sind wichtige Partner (s.h. auch Bildungs- und Erziehungspartnerschaft) und haben das Recht, die Ausrichtung und Intensität der religiösen Angebote einer Kita zu beeinflussen (vgl. stmas 2012, S. 167).

4.1.3 Kooperation mit Fachstellen

Wie bereits in Punkt 4.1.1 erwähnt, wird Religion erst lebendig und erfahrbar, wenn sie mit dem Alltag in Verbindung gesetzt wird. Somit sind Besuche fachkundiger Stellen wie Kirchen, Moscheen, Synagogen oder auch Tempel wichtige Bildungsorte. Um dies fachkundig und professionell zu gestalten, sodass die Kinder auch wichtige Erfahrungen daraus ziehen können, sollten solche Besuche entsprechend vor- und nachbereitet werden. Dies geschieht auch in Kooperation mit Fachstellen verschiedener Religionen und Gemeinschaften.

4.2 Biblische Erzählungen

Märchen und biblische Geschichten ermöglichen Identifikationsmöglichkeiten der Kinder mit der Hauptperson, sodass eine resiliente Anpassung auf der individuellen Ebene erfolgt. Der Protagonist in resilienzfördernden Geschichten steht vor einer Herausforderung oder einem Problem und kennzeichnet sich dadurch aus, dass er durch Eigenverantwortung und Eigenaktivität aktiv und erfolgreich die Situation meistert. Die Hauptperson lässt sich nicht entmutigen, sondern glaubt an ihre eigenen Fähigkeiten und ist dadurch auch fähig für andere Charaktere Verantwortung zu übernehmen (vgl. Fleck 2010, S. 150).

Diverse biblische Geschichten enthalten resilienzfördernde Aspekte, wie mit Zuversicht neuen Herausforderungen zu begegnen (Abraham und Sara), die Wertschätzung der eigenen Person (David und Goliath), über die eigenen Grenzen hinauszuwachsen (Jakob und Esau), Zukunftsperspektiven zu entwickeln (Erzählungen über Heilungen, Pfingsten) oder auch der Wert des Menschen bei Verpflichtungen (Der barmherzige Samariter); (vgl. stmas 2012 S. 181-183).

Geschichten aus der Bibel unterscheiden sich in einigen Punkten zu Märchen. So sind es häufig schwache oder unbedeutende Personen, welche eine große Aufgabe bekommen (z.B. David und Goliath). Dies macht Mut und kann die Problemlösefähigkeiten eines Kindes stärken. Gott begegnet sich ängstigenden Menschen immer wieder mit der Botschaft: „Fürchte dich nicht!" und begleitet sie in schwierigen Lebenssituationen. Auch dies macht Mut auf Besserung, stärkt das Gefühl, dass man gewollt und geliebt wird und spendet Trost. Hierdurch wird der Umgang mit Stress erleichtert (vgl. Böhlemann 2002, S. 10f.).

Doch auch existenzielle Fragen werden gezielt aufgegriffen: Woher kommt der Mensch und wohin führt sein Weg in der Welt? (Schöpfungsgeschichte, Erzählungen von Gottes Leitung für Abraham und Mose, Geschichten vom Reich Gottes).AuchThemen wie Tod und Sterben werden behandelt (Geschichten von Krankheit und Heilung, Kreuzigung Jesu, Auferstehung). Werte und Moral haben immer eine tiefliegende Rolle in biblischen Erzählungen (der barmherzige Samariter, Gleichnis vom verlorenen Schaf, Arbeiter im Weinberg) und die Frage nach Gott spielt in fast allen Geschichten der Bibel eine zentrale Rolle (vgl. Schweitzer 2013, S. 150). Doch auch der Wechsel zwischen schwach und stark sein spielt eine wichtige Rolle. Für Kinder ist es wichtig zu erfahren, dass sie nicht auf eine Gefühlsregung festgelegt sind, dass sich diese verändern können und wie ein angemessener Umgang mit Gefühlen stattfindet. Biblische Erzählungen helfen hierbei, die

Identität mit starken Personen zu erhöhen: Jesus wurde arm in einem Stall geboren, durfte jedoch von Gott erzählen, konnte Kranke heilen und erlöste die Menschen.

Um direkt die Stärken der Kinder zu fördern, soll die jeweilige Erzählung gezielt ausgewählt werden, sodass eine Identifikation mit der Hauptperson und ihrer Situation möglich ist und Lebenserfahrung transferiert werden können. Hierbei soll die pädagogische Fachkraft auch darauf achten, dass die Geschichte nicht moralisierend zweckentfremdet wird oder sogar Angst vor Gott und seiner Allwissenheit macht. Biblische Erzählungen sollen Kinder stärken. Auch das Alter der Kinder ist zu beachten, so kann die Frage nach Tod und Sterben auch für ältere Kinder überfordernd sein und ihre Intention verfehlen. Vor allem bei jüngeren Kindern empfiehlt es sich, die Vorlesesituation ganzheitlich zu gestalten und Elemente wie Singen und Musik, Symbole, Rituale, Wiederholungen und Partizipationsmöglichkeiten wie Bewegungselemente in die Geschichte einzubauen. Diese werden dann ganzheitlich erlebbar und stärken die (Selbst-) Wahrnehmungskompetenz der Kinder (vgl. Lauther-Pohl 2014, S.34ff.).

Als Beispiel soll hier zunächst die Mitmachgeschichte „Die selbstwachsende Saat" von Peter Böhlemann (vgl. Böhlemann 2002, S . 27ff.) dienen. Ursprünglich für den Kinder- oder Familiengottesdienst konzipiert, lassen sich Mitmachgeschichten gut in den Kindergartenalltag integrieren. Die Kinder können aktiv an der Erzählung mitwirken und erfahren so Selbswirksamkeit und Selbststeuerung. Auch die soziale Kompetenz wird gestärkt und Problemlösefähigkeiten erprobt und gefestigt. Durch (Peer-) Kontakte erleben sie ein positives Klima und Freundschaftsbeziehungen.

Bevor eine Mitmachgeschichte erzählt bzw. gespielt wird, werden Rollen vergeben. Die Kinder bekommen eine Rolleneinweisung und die Spielorte werden erklärt. Die entsprechenden Kinder dürfen dann die Handlungen in der Erzählung nachspielen. Eventuell werden auch Requisiten benötigt, doch auch Improvisationen sind möglich.

Die ausgewählte Geschichte bezieht sich auf folgende Bibelstelle:

Vom Wachsen der Saat

> 26 Er sagte: Mit dem Reich Gottes ist es so, wie wenn ein Mann Samen auf seinen Acker sät; 27 dann schläft er und steht wieder auf, es wird Nacht und wird Tag, der Samen keimt und wächst und der Mann weiß nicht, wie. 28 Die Erde bringt von selbst ihre Frucht, zuerst den Halm, dann die Ähre, dann das volle Korn in der Ähre. 29 Sobald aber die Frucht reif ist, legt er die Sichel an; denn die Zeit der Ernte ist da.
>
> (Mk 4, S. 26-29); (vgl. Katholische Bibelanstalt 2016)

Diese Bibelstelle wurde ausgewählt, da sie sich zum Beispiel zur Vorbereitung von Transitionen eignet, also der Übergang zwischen Kindergarten und Schule. Der Text ist im Anhang zu finden.

Die Geschichte bietet sich in vielerlei Hinsicht zur Resilienzförderung im Kindergarten an. Im Hinblick auf die Personalen Ressourcen des Schutzfaktoren Konzeptes können durch diese Geschichte Selbstwahrnehmung und Umgang mit Stress geschult werden. Der Bauer merkt, dass es ihn sehr belastet, dass die Saat nicht wächst und kann nicht schlafen. Immer wieder kehrt er zum Feld zurück, um zu sehen, ob in der Zwischenzeit etwas passiert ist. Kurz vor dem Übergang in die Schule sind viele Kinder einem hohen Druck ausgesetzt, bzw. haben Ängste vor der neuen Situation. Dadurch, dass der Bauer Gott Vertrauen schenkt, kann er selbst Ruhe finden und so den Stress reduzieren. Sein Vertrauen wird belohnt, die Saat wächst. Übertragen auf die Situation der Kinder, können diese ebenfalls Vertrauen in Gott setzen, dass er sie begleitet, beschützt und sie stärkt. Bezogen auf den Resilienzfaktor der Selbstwirksamkeit wird deutlich, dass zunächst die Arbeit des Bauern wichtig war, ansonsten hätte kein Getreide wachsen können. Somit war sein Bemühen notwendig und wichtig. Übertragen auf einen Übergang, können hier auch pädagogische Spiele oder Elemente diesen erleichtern. Das Basteln einer Schultüte, Malübungen, die Besichtigung der zukünftigen Schule usw. bereiten die Kinder auf die Transition vor. Mit dem Wissen somit einen wichtigen Teil zum Gelingen des Übergang beizutragen, werden sie in ihrer Selbstwirksamkeit gestärkt. Als letzten Aspekt ist die Stärkung des Faktors der sozialen Kompetenz zu nennen. In der Geschichte spricht der Bauer mit seinem Freund und Nachbarn auf sehr respektvolle Weise, der Nachbar bietet einen Rat und dieser wird angenommen. Zum Dank teilt der Bauer das erste Brot aus dem Getreide mit ihm. Dies kann auch Kindern helfen, sich gegenseitig auf den Übergang vorzubereiten und zu unterstützen, sie lernen positiven Umgang mit Anderen kennen und dass dadurch eine positive Rückmeldung (in der Geschichte das Brot) folgt.

Als zweites Beispiel soll die Geschichte „Der ängstliche kleine Spatz" von Doney/Hansen 2006 vorgestellt werden. Dies wird auch in der Arbeitshilfe des Diakonischen Werkes der Evangelischen Landeskirche unter Kinderbüchern mit religionspädagogischem Bezug als resilienzförderlich benannt. Um aufzuzeigen, wie religiöse Bildung in der Kindertagesstätte Kinder stark macht, soll nun diese Geschichte ebenfalls kurz vorgestellt und anschließend auf ihr Potential in der Resilienzförderung untersucht werden.

Die Geschichte handelt vom ängstlichen kleinen Spatz, welcher sich immer und überall Sorgen macht. Seine Eltern und Geschwister sind stets fröhlich und zuversichtlich, ganz im Gegenteil zum kleinen Spatz. Als kleines Spatzenkind macht er sich Sorgen, ob er genug zu essen bekommt. Er fragt sich, ob er jemals fliegen lernen wird und ob er, wie alle anderen Spatzen, eines Tages eine Frau finden wird, um eine Familie mit ihr zu gründen. Obwohl er sich so viele Sorgen macht, meistert er alle Hürden. Doch dieses Meistern reicht ihm nicht aus, um positiv in die Zukunft blicken zu können. Erst als der Spatz sich Zeit nimmt, um einer weisen Taube zuzuhören, ändert sich seine Einstellung zum Leben. Die Taube erzählt dem ängstlichen kleinen Spatz, der mittlerweile eine Frau gefunden hat, von Gott. Gott sei im Himmel, habe alle Lebewesen geschaffen und würde immer für sie sorgen. Der ängstliche kleine Spatz erinnert sich daran, dass ihm bereits sein Vater von diesem Gott im Himmel erzählt hatte, als er noch ein kleines Spatzenkind war. Damals hatte er dem Vater jedoch vor lauter Sorgen nicht zuhören können. Das Wissen um Gott im Himmel, welcher für alle Spatzen sorgt, stimmt den kleinen ängstlichen Spatzen schon am nächsten Tag sehr positiv. Von da an erfreut er sich am Leben und an den Eiern, aus welchen bald seine Spatzenkinder schlüpfen werden. Er strahlt über das ganze Gesicht und ist von nun an zuversichtlich, sich gut um seine Kinder kümmern zu können. Weiterhin fasst er den Entschluss, auch seinen Kinder von Gott, welcher sich um alle Spatzen kümmert, zu erzählen. Seine Kinder sollen sich niemals sorgen müssen.

Nun soll diese Geschichte auf ihr resilienzförderndes Potential hin analysiert werden.

Die Ängstlichkeit des Protagonisten wird bereits im Titel des Buches thematisiert. Dadurch entsteht bereits eine Identifikationsmöglichkeit, ebenso dadurch, dass der Spatz noch ein kleines Kind ist. Der Verlauf der Geschichte spiegelt das Leben eines Menschen wieder. Der kleine ängstliche Spatz muss bestimmte Herausforderungen und Übergänge meistern, bevor er selbst Vater werden kann. Erst das Wissen bzw. der Glauben an Gott im Himmel, der für alle sorgt, stimmt ihn zuversichtlich. Hierin liegt ein möglicher resilienzfördernder Aspekt der Geschichte. Der Fokus liegt eindeutig auf Religion und dem Glauben an Gott als protektiver, resilienzfördernder Faktor für den Spatzen. Auch die Bewältigung der fortwährenden Ängstlichkeit vor Herausforderungen steht im Mittelpunkt. Hier werden schwierige Situationen und deren Bewältigung thematisiert, jedoch keine direkte Lösung des Problems, sondern die Möglichkeit des Glaubens an Gott. Der Protagonist wählt den Glauben an Gott als seinen Lösungsweg aus seiner ständigen Ängstlichkeit und gelangt dadurch zu einer zuversichtlichen, glücklichen Persönlichkeit und kann positiv geprägte soziale Beziehungen pflegen.

Laut den Autoren ist die Geschichte für Kinder ab drei Jahren geeignet und kann speziell für Kinder mit Ängsten resilienzförderlich sein.

Als letzten Punkt sollen noch Mutmach-Geschichten aus der Bibel betrachtet werden. Mutmachgeschichten sind umformulierte Geschichten aus der Bibel. Sie sind somit als unterstützende Maßnahme zu sehen, welche neben pädagogischen Methoden, Kinder in ihrer aktuellen Lebenssituation abholen und unterstützen sollen. Das „Damals-Wort" wird somit in das „Heute-Wort" transformiert. Mutmachgeschichten sind somit hilfreich, um religiöse Aspekte zu fördern. Dies geschieht im Kita-Alltag, indem anhand einer aktuellen Lebenssituation eines Kindes oder auch der ganzen Gruppe ein passender Originaltext aus der Bibel gesucht wird. Im Anschluss daran wird sowohl die pädagogische als auch die religiöse Dimension der Geschichte erfasst. Der Protagonist wird bestimmt und daraufhin die Geschichte kindgerecht umformuliert und die Erzählsituation entsprechend von der pädagogischen Fachkraft vorbereitet. Nach dem Vortragen der Geschichte, wird diese gemeinsam mit den Kindern reflektiert und die Aussage des Textes gemeinsam mit den Kindern vertieft. Ziele der Mutmachgeschichten sind, Kinder in ihrer Lebenswirklichkeit abzuholen, Mut zuzusprechen, Selbstvertrauen und Nächstenliebe zu fördern, eine Brücke zu Gott und Jesus zu bilden, dass Gefühl zu schaffen, ein geliebtes Kind Gottes zu sein und im allgemeinen die Resilienzfähigkeit zu fördern (vgl. Betz 1996).

4.3 Resilienzförderung durch ein positives Gottesbild

Der Glaube daran, dass jeder Mensch von Gott gewollt ist, stärkt nicht nur das Selbstbewusstsein, sondern fördert auch ein positiv geprägtes und zuversichtliches Weltbild, leistet also einen Beitrag zur Identitätsbildung. Dies sind zwei wichtige Aspekte personaler Ressourcen. Weiterhin bietet der Gedanke Trost, vor allem in schwierigen und herausfordernden Lebenssituationen. Der Gedanke daran, dass Gott immer da ist, kann keine Krisen und Traumata verhindern, doch er kann Halt bieten und Hoffnung wahren.

Ein wichtiger Punkt hierbei ist, dass Gott nicht missbraucht werden darf, um eine unfreie Erziehung, also die Kontrolle des Kindes in allen Lebenslagen, hervorzurufen. Eine solche Vorgehensweise zeigt sich vor allem in der Vermittlung von „Strafängsten", also der Hinweis: „Der Leib Gott sieht alles!. (vgl. Schweitzer 2013, S. 74). Die Eltern erweitern somit ihre Kontrollmöglichkeiten, das Kind hat nicht die Freiheit sich je unbeobachtet zu fühlen. Dieses Verhalten kann zu tiefen Minderwertigkeitsgefühlen und Ängsten, Gehemmtheit und das wiederkehrende Infrage stellen der eigenen Leistungen, da diese vielleicht nicht ausreichen, führen. Schweitzer spricht hier von einer „Gottesvergiftung" (vgl. Schweitzer 2013, S. 73). Dieser Begriff wirkt sehr passend angesichts der Erwartung einer Resilienzförderung durch ein positives Gottesbild. Ein freundlich gesinntes Gottesbild greift die Fragen von Kindern nach Spiritualität und Religion auf und lässt sie nicht alleine.

Religiöse Erfahrungen beginnen bereits in der frühen Kindheit. Die amerikanische Psychoanalytikerin Ana-Maria Rizzuto weist darauf hin, dass Kinder ihre Eltern oder Bezugspersonen als allmächtige Quellen der Zuwendung, Geborgenheit, Schutz und Versorgung erfahren. Diese Erfahrungen sind in dem Sinne religiös, da sie „Erfahrungen der Unbedingtheit [sind], die über sich selbst hinausweisen." (vgl. Schweitzer 2013, S. 66). Daraus kann man schlussfolgern, dass diese Erfahrungen der Grundbaustein für religiöse Erlebnisse und Wahrnehmungen sind. In dieser frühen Zeit der Kindheit ist es natürlich noch nicht möglich, diese sprachlich zu formulieren oder mit Begriffen wie Gott verbinden zu können. Doch später können diese Erfahrungen durch beispielsweise biblische Geschichten aufgegriffen und somit versachlicht werden. Mit dieser Entwicklung erhalten Kinder die Möglichkeit, Erfahrungen greifbar zu machen, mitzuteilen und darüber zu sprechen. Es bleibt fraglich, wie es sich auf die kindliche Entwicklung auswirkt, wenn diese Erfahrungen nicht durch religiöse oder spirituelle Angebote aufgegriffen und nach außen gebracht werden können (vgl. Schweitzer 2013, S. 65ff.). Daher sollten Kinder mit einem positiven Gottesbild konfrontiert werden. Hoffsümmer unterteilt in

„gefährliche Gottesbilder" und „hilfreiche Gottesbilder" (vgl. (Hoffsümmer 1999, S. 42ff.). Diese sollen im Folgenden genauer betrachtet werden. Zu den gefährlichen Gottesbildern gehören Gott als strafender Richter und Gott als überfordernder Leistungsgott. Der strafende Richtergott wurde bereits in diesem Abschnitt erwähnt, Schweitzer spricht in diesem Kontext von „Strafängsten", Hoffsümmer von einem „himmlischen Polizisten" (vgl. Hoffsümmer 1999, S. 43). Der überfordernde Leistungsgott ist ausgesprochen komplementär zu resilienzfördernder Bildung. Leistung darf nicht das größte Ziel sein, ansonsten können Minderwertigkeitsgefühle und Versagensängste bleiben.

Hoffsümmer spricht weiterhin von einem „Lückenbüßer-Gott", welcher an unserer Stelle für Gerechtigkeit sorgen soll, von einem „Gott als Opa mit dem langen Bart", welcher die Welt erschaffen hat, doch jetzt machtlos ist und keinen Einfluss auf das Geschehen der Erde hat, von einem „Gott als Zauberkönig", welcher phantastische Zauber erbringt, welche eher Märchen gleichen (vgl. Hoffsümmer 1999, S. 44.). Sie warnt zudem davor, ausschließlich in Superlativen von Gott zu sprechen, da dies ebenfalls schnell unwirklich erscheint und zu Überdruss dieses Gottesbildes führt.

Hilfreiche Gottesbilder hingegen orientieren sich an der Bibel und den Verkündungen Jesu. Zum einen ist hier der Gott zu nennen, der die Menschen als sein Ebenbild erschaffen hat. Als seine Krone der Schöpfung (Gen 1) sandte er seinen Sohn um uns und die Welt zu retten (Joh 3,16f.). Es spricht von einem hohen Wert, das „Abbild" Gottes zu sein und von einer unermesslichen Liebe, welche Gott der Menschheit zuteil werden lässt (vgl. Hoffsümmer 1999, S. 44).

Gott kann auch als guter Hirte dargestellt werden, welcher keines seiner Schafe vernachlässigt oder aus den Augen lässt (Joh 10,11- 15, Lk 15,- 7) oder als umsorgender Gott, welcher uns trägt wie ein Adler seine Jungen. „Ich habe euch auf Adlerflügeln getragen" (Ex 19,4). Ein Gott also, welcher seine Jungen aus dem Nest wirft, sobald sie flügge sind, sodass sie lernen mit den eigenen Flügeln zu fliegen, sie jedoch auffängt, sobald sie abzustürzen drohen und sie ruhen lässt, bis sie aus eigener Kraft wieder weiterfliegen können (vgl. Hoffsümmer 1999,S. 45).

Doch auch als guter Freund und Bruder in der Gestalt von Jesus kann Gott Kraft geben. Denn in der Gestalt von Jesus leidet Gott mit den Menschen in ihren Nöten und Ängsten, auch Jesus hat diese erlebt. Am Kreuz rief er: „Mein Gott, mein Gott, warum hast du mich verlassen!". Dadurch, dass Gott mit uns leidet, durch Jesus jedoch deutlich macht, dass Angst und Leid nicht das letzte Wort haben, kann dieses Gottesbild helfen (vgl. Hoffsümmer 1999, S. 46).

Doch all diese hilfreichen Gottesbilder sollten auch immer das Unfaßbare von Gott darlegen. Bereits das zweite Gebot besagt: „Du sollst dir kein Bild von Gott machen!". Hilfreiche Gottesbilder in all ihren Facetten zeichnen keinen richtenden, strafenden oder zaubernden Gott ab, sondern einen teilnehmenden, liebenden und unfaßbaren.

Ein positives Gottesbild entfaltet sich somit in verschiedenen resilienzfördernden Aspekten wie z.B.: Gott hat jeden Menschen als sein Ebenbild erschaffen. Er begleitet jeden Menschen wie ein guter Hirte und wünscht sich für uns ein Leben in Fülle. Er sorgt für uns wie ein Vater/ wie eine Mutter und leidet auch mit den Menschen. Wir dürfen uns bei ihm beklagen oder ihn sogar anklagen. Dennoch schafft Gott Heil; Leiden und Tod sind nie das Ende und das Reich Gottes empfängt uns alle nach dem Tod.

Die Auseinandersetzung mit diesen Aspekten eines positiven Gottesbildes hilft Kindern existentielle Ängste, Wünsche und auch Fragen nach Sinn und dem Anfang und Ende des Lebens zu erörtern und eigne Gedanken in Worten und Bildern auszudrücken (vgl. Fleck 2010, S. 151).

4.4 Rituale und Beten

Rituale geben Geborgenheit, Struktur und Vertrauen. Dies ist vor allem in einer Kindertageseinrichtung nötig, da die Kinder über mehrere Stunden von ihren wichtigsten Bezugspersonen getrennt sind. Rituale können den gesamten Tagesrhythmus einer Einrichtung begleiten. Vom Morgenkreis bis hin zu Ritualen beim Wickeln, Essen, etc.

Rituale sind eine Form von Kommunikation und Deutung der erlebten Wirklichkeit. Sie schaffen somit auch Gemeinschaft und spiegeln die Ordnungen wider, welche in einer Gemeinschaft entstehen (vgl. Lauther-Pohl 2014, S.14f.). Wichtig ist, dass diese Rituale möglichst von den Kindern mitentwickelt oder zumindest mit gestaltet werden und dass sie ihnen Freude machen. Bei neuen Situationen oder neuen Themen innerhalb der Gruppe sind auch neue Ideen für Rituale gefragt. In Verbindung mit religiöser Bildung können Segensrituale nicht nur Sicherheit sondern auch spezielle Zugewandtheit von Kind zu Kind oder Fachkraft zu Kind. Durch Gesten oder Worte können sich die Kinder untereinander und auch der pädagogischen Fachkraft Gutes wünschen und dass die göttliche Kraft und Liebe sie begleitet. Falls anders-gläubige Kinder in der Gruppe sind, sollte darauf natürlich

Rücksicht genommen werden, indem nicht in einem rein christlichen Sinne gesprochen wird (vgl. Habringer-Hagleitner 2009, S. 66).

Andere religiöse Rituale sind z.b. das Anzünden einer Gebetskerze, Rituale beim Essen, wie das Tischgebet, Segensgottesdienste am Ende der Kindergartenzeit, Geburtstagsfeiern mit guten Wünschen und Segenssprüchen, Jahresfeste wie St. Martin, die Adventszeit usw. Ein wichtiger Punkt bei dem Vollzug von Ritualen ist die besondere Atmosphäre, um ihnen entsprechenden Raum zu geben. Dadurch kommen die Kinder zur Ruhe und erhalten einen besonderen Zugang zu sich selbst und ihren Gefühlen (vgl. Harz 2006, S. 101).

Insbesondere das Ritual des Segnens kann Kinder stark machen. Dadurch erhält jedes Kind die Bestätigung, dass Gott jeden auf seinem weiteren Weg begleitet und zur Seite steht. Als Alltagsritual, doch auch speziell bei hilft das gegenseitige Segnen, Kinder stark zu machen. Die Segenshandlung an sich besteht sowohl aus Gestik als auch aus Worten und ist somit nicht nur geistig, sondern auch körperlich erfahrbar und dadurch besonders interessant und wirksam für Kinder.

Auch Gebete können Alltagsrituale bilden. Ein Beispiel soll dies verdeutlichen:

> „Gott, gibt mir Mut, die Dinge zu verändern, die ich verändern kann.
> Gib mir die Gelassenheit, Dinge hinzunehmen, die ich nicht verändern kann.
> Und gib mir die Weisheit, das eine vom anderen zu unterschieden."
>
> - Gebet von Reinhold Niebuhr

Dieses christliche Gebet zeigt, wie eng Religion und Resilienzförderung miteinander verknüpft sind. Veränderungen sind im Leben unvermeidlich. Es ist gut, etwas zu verändern, doch hierfür gehört auch Mut. Dieses Gebet soll stark machen, um trotz Veränderungen gelassen zu bleiben und eine Balance im Leben zu wahren und dadurch grundsätzlich positiv mit Belastungen umgehen zu können.

Nach Schweitzer gibt es fünf Gründe, ausgehend von Theologie wie auch Pädagogik, warum Beten für Kinder wichtig ist. Diese sollen im Anschluss näher betrachtet und auf resilienzfördernde Aspekte untersucht werden (vgl. Schweitzer 2013, S. 165ff).

Stillwerden

Beten hängt immer mit ruhig werden und Stille zusammen. Sich selbst sammeln und Gefühle und innere Regungen wahrzunehmen, ist ein wertvoller Beitrag zur Resilienz und hat auch einen meditativen Aspekt. Besonders in Kindertagesstätten kann es schwer sein, Stille zu finden. Bei einem gemeinsamen Gebet sammeln die Kinder sich äußerlich wie innerlich und erhalten dadurch Zugang zu ihren Gefühlen und Bedürfnissen.

Ritual

Beten ist auch häufig ein Ritual des Alltags. Als Tischgebet oder vor dem Zubettgehen hilft es Kindern Struktur zu erleben und Sicherheit zu spüren. Folglich muss das Gebet beständig sein und verlässlich und regelmäßig wiederkehren. Besonders im Kita-Alltag sollte es in seiner Form gleich bleiben. Doch das Gebet verleiht nicht nur Struktur, es kann auch partizipativ gestaltet sein, indem jeden Tag ein anderes Kind ein Gebet auswählen darf. Gebete können jedoch auch den ganzen Tagesrhythmus gestalten: Ein Gebet zu Tagesbeginn, vor dem Essen und am Ende des Kindergartentages geben Halt und Ordnung im häufig wirren Alltag.

Vertrauen und Geborgenheit

Durch die bereits genannte Regelmäßigkeit des Gebets, wird dieses auch zu etwas Vertrautem. Doch auch in Gemeinschaft mit anderen Kindern oder Erwachsenen kann es ein Gefühl von Wärme und vor allem Sicherheit hervorrufen. Durch die direkte Ansprache Gottes im Gebet, wird dieser aus seiner Anonymität gehoben und somit zu einem direkten Ansprechpartner, welcher zuverlässig Halt und Geborgenheit gibt.

Gemeinschaft und Zuwendung

Durch die Gemeinschaft im Gebet mit anderen Kindern oder Erwachsenen entsteht auch ein Gefühl der Zugehörigkeit und der Verbundenheit. Der soziale Aspekt kann hier besonders hervorgehoben werden. Kein Kind wird ausgeschlossen oder benachteiligt. Diese besondere Art der Zuwendung (z.B. Segen durch die pädagogischen Fachkraft) ist eine Art der ungeteilten Aufmerksamkeit und vermittelt jedem Kind das Gefühl besonders und angenommen zu sein.

Hoffnung

Ein nicht zu unterschätzender Punkt ist die Hoffnung. Im Gebet dürfen Kinder ihre tiefsten Sorgen, Ängste und Hoffnungen formulieren. Dies gilt besonders angesichts der aktuellen Lage im Hinblick auf die Kinder von Geflüchteten. Kinder aus Kriegsgebieten haben viele, teilweise traumatische, Erlebnisse, von denen sie berichten und sie somit auch nach außen bringen dürfen. Diese Erlebnisse können geflüchteten wie auch anderen Kindern Angst machen. Zusammen kann man so im Gebet (interkulturellen) Raum für diese Gedanken schaffen und sie aufgreifen, anstatt die Kinder damit allein zu lassen. Die Hoffnung, dass sich alles zum Guten wenden wird, trotz Krieg, Terror, Umweltkatastrophen usw. ist sehr wichtig für die kindliche Entwicklung, um eine selbstständige und gemeinschaftsfähige Persönlichkeit bilden zu können.

Unter den Resilienzfaktoren im Kapitel 2.4 wurde die aktive Bewältigungskompetenz genauer behandelt. Bei einer Häufung von Stressoren sucht sich das Kind Copingstrategien, um das Problem zu bewältigen. Eine dieser Strategien kann auch Beten sein, was unter den Aspekt der offenen Handlungen fallen würde. Die stressbehaftete Situation kann durch das Gebet entspannt werden und dem Kind Raum zum Rückzug und zur inneren Sammlung bieten.

4.5 Lieder zur Resilienzentwicklung

Es wurden bereits religiöse Rituale, wie Gebete, genannt. In diesem Punkt sollen nun zwei religiöse Lieder auf ihr resilienzförderndes Potential hin untersucht werden. Auch das Singen religiöser Lieder kann als Ritual in Kindertagesstätten angewandt werden, eignet sich jedoch auch gut für Projekte oder das Setzen von Impulsen.

Das erste Lied, das vorgestellt werden soll, heißt „Du Gott schützt mich". Es ist ein Kanon von Doyle Schönhals-Schlaudt von 1987 mit folgendem Text: „Du Gott schützt mich, du Gott stärkst mich, du Gott machst mir Mut."

Der Liedtext spricht von der Liebe Gottes und seiner Beziehung zum Menschen. Eine sichere Bindung ist, wie bereits in den vorherigen Kapiteln erläutert, unabdingbar für die Entwicklung von resilientem Verhalten. Es wird deutlich, dass man nicht auf sich selbst gestellt ist („Du Gott schützt mich, du Gott stärkst mich"), sondern dass Gott jedem Menschen individuelle Unterstützung bietet. Es wird auch eine Glaubensbeziehung deutlich: Auf Gott kann man vertrauen, er stärkt mich. Er beschützt und stärkt die Menschen und ist somit auch Verlässlich und eine Quelle für Hilfe.

Ähnlich auch das Lied „Immer & Überall" von Daniel Kallauch, 1994. Der Liedtext besagt folgendes:

> „Vom Anfang bis zum Ende
> hält Gott seine Hände
> über mir und über dir.
> Ja, er hat es versprochen,
> hat nie sein Wort gebrochen:

"Glaube mir, ich bin bei dir!"
Immer und überall,
immer und überall,
immer bin ich da! (2x)"

Die erste Strophe zeigt, dass Gott allgegenwärtig über alle Menschen wacht und sie beschützt. Seine Liebe wird in diesem Lied nicht nur auf eine Person bezogen, sondern ein „Du" mit gleichem Wert beachtet. Hier wird ebenfalls eine Glaubensbeziehung thematisiert: „Glaube mir, ich bin bei dir". Gott ist eine verlässliche Quelle, welcher noch nie sein Wort gebrochen hat. Seine Allgegenwärtigkeit zeigt wieder, dass er eine verlässliche Hilfsquelle ist.

4.6 Das religionspädagogische Resilienzprogramm „Resi"

Als konkretes Beispiel der Resilienzförderung im Bereich der religiösen Bildung in Kindertaggesstätten soll das religionspädagogische Resilenzförderprogramm „Resi" dienen (vgl. Klappstein 2007). Dies beinhaltet diverse Projektideen mit dem Ziel, Kinder resilienzförderliche Gedanken zu vermitteln. Hierfür dienen Geschichten als Basis der Einheiten, die auf inhaltlich stark machende, biblische Verse und Psalmen aufbauen. Die Protagonistin ist Resi, ein kleines Mädchen, das versucht, die Welt zu verstehen. Hauptmerkmale liegen auf ihrer Beziehung zur Mutter und die abendlichen Gespräche mit und Gebete zu Gott. Dieses Projekt bietet keine fertigen Antworten oder vollständige theologische Erklärungen, sondern bietet einen Einstieg für pädagogische Fachkräfte und Kinder, um über unterschiedliche Themen des Glaubens ins Gespräch zu kommen und somit einen gemeinsamen Prozess zu gestalten und zu erleben. Die Einheiten sind so gestaltet, dass sie in regelmäßigen Abständen, wie etwa einmal im Monat, durchgeführt werden können. Zu jedem Thema wird den Fachkräften ein Informationsteil bereitgestellt, welcher das Thema der Einheit, die jeweilige Bibelstelle und den entsprechenden Resilienzgedanken erklärt. Die Fachkräfte können zum Erzählen der Geschichten auch eine Handpuppe zur Hilfe nehmen, um den Inhalt anschaulich präsentieren zu können. Weiterhin sind auch Aktionsideen, Spiele und Bastelvorschläge zu finden, durch welche der in der Geschichte vermittelte Resilienzgedanke gefestigt werden soll. Hieraus können auch neue Themen und Projekte entstehen, die laut Klappmann ein Zeichen für die Resilienzentwicklung sind. Im Mittelpunkt der Projekte stehen immer das Ausprobieren, der Austausch sowie das Sammeln von Erfahrungen.

Die Erste Einheit (vgl. Klappstein 2007, S. 24-34) des Programms „Resi" soll im Anschluss eingehend betrachtet und erläutert werden. Diese orientiert sich an dem Psalm 139, 13-17 (vgl. Deutsche Bibelgesellschaft 2016):

> "13 Denn du hast meine Nieren bereitet und hast mich gebildet im Mutterleibe. 14 Ich danke dir dafür, dass ich wunderbar gemacht bin; wunderbar sind deine Werke; das erkennt meine Seele. 15 Es war dir mein Gebein nicht verborgen, / da ich im Verborgenen gemacht wurde, da ich gebildet wurde unten in der Erde. 16 Deine Augen sahen mich, da ich noch nicht bereitet war, und alle Tage waren in dein Buch geschrieben, die noch werden sollten und von denen keiner da war. 17 Aber wie schwer sind für mich, Gott, deine Gedanken! Wie ist ihre Summe so groß!"

Dieser besagt, dass Gott jeden Menschen kennt und dass jedes Kind gewollt und geliebt wird. Jedes Kind war Gott schon immer wichtig. Daher ist der Resilienzgedanke der Einheit: „Deshalb bist du klasse!". Der Psalm wird in der Einheit nicht explizit angesprochen, sondern inhaltlich thematisiert: Resi erzählt von einer großen Veränderung in ihrem Leben. Sie ist gerade erst in eine neue Stadt gezogen und musste ihr altes Leben hinter sich lassen. Sie weiß nicht genau, warum.

Anhand der Geschichte kann nun besprochen werden, dass es zur Überwindung solcher belastenden Situationen und Veränderungen eine Bindungsperson braucht und auch Gott eine große Rolle spielt. Auch die Gestalt von Gott kann als ein Thema für einen Austausch dienen. Für anschließende Aktionen wird vorgeschlagen für jedes Kind einen Steckbrief zu gestalten, der dem Kind zeigen soll, dass es einzigartig und wertvoll ist. Auch kann ein „Skalenspiel" Anwendung finden. Bei diesem werden mit den Kindern unterschiedlichen Skalen von 1-10 erstellt, zum Beispiel bei der Bewertung von Lebensmitteln. Die Kinder lernen hierbei, dass sie in ihrer Meinung wahr- und ernstgenommen werden. Diese Aktionen sind sehr individuell und schätzen jedes einzelne Kind. Ihre diversen Meinungen werden gehört. Dies kann das Selbstbild der Kinder prägen und auch ihr Selbstvertrauen stärken.

Auch die anderen Einheiten zeigen, dass viele Bibelstellen resilienzfördernde Eigenschaften tragen. Das Resilienzförderprogramm Resi lässt den pädagogischen Fachkräften viel Freiraum und kann somit eine sinnvolle religionspädagogische und resilienzförderliche Arbeit mit Kindern ermöglichen.

5 Fazit

„Du kannst dich darauf verlassen: Der Herr wird dich retten vor den Fallen, die man dir stellt, vor Verrat und Verleumdung. Er breitet seine Flügel über dich, ganz nahe bei ihm bist du geborgen."

(-Psalm 91, 3-4); (Deutsche Bibelgesellschaft 2000)

Durch Resilienz können Risiken und Belastungen nicht verändert oder abgeschafft werden, aber sie erleichtert Umgang mit ihnen. Dies bedeutet auch, dass es nicht zwangsläufig darum geht, Rahmenbedingungen zu verändern, sondern verschiedene Handlungsweisen und Orientierungen zu ermöglichen und verschiedene Bewältigungsstrategien anwenden zu können. Resilienzförderung ist immer ganzheitlich zu betrachten und beschränkt sich nicht auf Einzelaktivitäten.

Die Rolle der Kindergruppe im Kindergarten ist nicht zu unterschätzen. Sie stellt einen Raum für Lern- und Entwicklungsprozesse von sozialen, emotionalen und kognitiven Kompetenzen dar. Doch nicht nur Gruppenprozesse sind zu nennen: Der Kindergarten bietet zahlreiche Möglichkeiten, Resilienz zu fördern. Religiöse Bildung soll als eigenständiger und interdisziplinärer Bereich der Frühpädagogik betrachtet werden und nimmt somit einen wichtigen Aspekt in der Arbeit mit Kindern ein. Einen großen Aspekt stellt die Funktionalität als Lebensbewältigungsstrategie dar, Religiöse Bildung sollte jedoch nicht nur darauf reduziert werden. Kinder beschäftigen sich ab frühester Kindheit mit spirituellen Themen und sollten die Möglichkeit erhalten, diese zu kommunizieren und mit anderen zu ko-konstruieren. Die Begleitung religiöser Bildungsprozesse ist Teil der professionellen Arbeit der pädagogischen Fachkräfte, da situatives Arbeiten und Reagieren die Beschäftigung mit religiösen Aspekten miteinschließt. Dies beinhaltet die Beschäftigung mit Fragen nach dem Sinn des Lebens, Vertrauen, Glück und Leid im Leben und trägt somit einen wichtigen Teil zur Resilienzförderung bei.

Der Glaube an Gott kann als Sammlung vieler resilienzbildender Faktoren gesehen werden. So helfen biblische Erzählungen, Gott als stärkend, ermutigend, begleitend, vergebend, liebend und akzeptierend zu erleben. Daraus können neue Kräfte entwickelt und Prozesse erlebt werden, welche die Resilienz stärken. Integrierte Religionspädagogik in Kindergärten vermitteln Kinder durch Struktur Orientierung und Sicherheit. Insbesondere kreative Gestaltungselemente zu biblischen Erzählungen, Liedern, Gebeten und Ritualen lassen den Alltag lebendig werden und bieten viel Raum für religiöse Bildungsprozesse. Der wertschätzende und liebevolle Umgang in konfessionellen Kindertagesstätten, geprägt durch das christliche

Menschenbild, stärkt Kinder und lässt sie ihre Autonomie frei ausleben und sich entfalten. Kinder lernen, dass sie sich Gott auch in schweren Momenten anvertrauen können, Außerdem verringert sich durch das Erzählen von traurigen oder ärgerlichen Momenten ihre innere Anspannung. Das Wissen, dass Gott wie ein guter Hirte auf die Menschen aufpasst, stärkt Vertrauen und Hoffnung und lässt Kinder auch schwierige Situationen überwinden. Voraussetzung hierfür ist ein positives Gottesbild, welches von Freiwilligkeit, Gesprächen auf Augenhöhe und Liebe geprägt ist. Religiöse Erziehung und Bildung beginnt nicht erst mit dem kognitiven Verstehen, sondern bereits mit der unreflektierten Wahrnehmung. Dadurch, dass religiöse Bildung immer ganzheitlich gestaltet ist, also alle Sinne durch Gerüche, Atmosphäre, Klänge, Bilder, Symbole, Gefühle, Worte, Gesang und Erfahrungen anspricht steht bei den biblischen Botschaften das Erleben im Vordergrund.

Zusammenfassend lässt sich sagen:

Religion leistet einen beachtenswerten Beitrag zur Identitätsbildung und zur Bildung eines verlässlichen Weltbildes. Sie stärkt ein positives Selbstbild und ein stabiles Selbstbewusstsein. Religiöse Bildung unterstützt die Bewältigung herausfordernder Situationen, wie Übergänge oder Brüche im Leben und nimmt Fragen nach Sinn und Werten auf und bietet Vergewisserung und Bearbeitungsmöglichkeiten. Sie hilft auch, spirituelle Erlebnisse in Sprache zu fassen und nach außen zu tragen. Religion bietet auch Impulse zur Auseinandersetzung mit Werten und Normen, welche Autonomie und Verantwortungsgefühl gegenüber anderen stärken.

Literatur

Bayerisches Staatsministerium für Arbeit und Sozialordnung, Familien und Frauen (2012): Der Bayerische Bildungs- und Erziehungsplan für Kinder in Tageseinrichtungen bis zur Einschulung. München: Cornelsen.

Bederna, K., König, H. (Hrsg).(2009): Wohnt Gott in der Kita? Religionsensible Erziehung in Kindertageseinrichtungen. Berlin/ Düsseldorf: Cornelsen Verlag.

Betz, F. (1996): Die Seele atmen lassen. Mit Kindern Religion entdecken. München: Kösel-Verlag.

Betz, S., Dietermann, J., Hilt, H., Schwarze, D. (2014): Resilienz - Wie Religion Kinder stark macht. Stuttgart: Evangelisches Medienhaus GmbH.

Böhlemann, P. (2002): Simon und die schöne Anna. Mitmach- und Mutmachgeschichten aus der Bibel. Stuttgart: Verlag Junge Gemeinde.

Das Online-Portal für Christen (2004-2018): Du, Gott, stützt mich. Online im Internet, URL: https://www.evangeliums.net/lieder/lied_du_gott_stuetzt_mich_kanon.html (Zugriff: 18.02.2018)

Das Online-Portal für Christen (2004-2018): Vom Anfang bis zum Ende. Online im internet. URL: https://www.evangeliums.net/lieder/lied_vom_anfang_bis_zum_ende_immer_und_ueberall.html (Zugriff v. 18.02.2018)

Der Gnadauer Pädagogische Arbeitskreis (2005): Christliche Erziehung in einer pluralistischen Gesellschaft. Online im Internet, URL: https://www.gnadauer.de/uploads/_gnadauer/2016/09/Christliche_Erziehung.pdf (Zugriff v. 18.01.2018)

Deutsche Bibelgesellschaft (2016): Gute Nachricht Bibel. Online im Internet, URL: https://www.bibleserver.com/text/LUT/Psalm139,13-17 (Zugriff v. 18.01.2018)

Deutsche Bibelgesellschaft (2016): Gute Nachricht Bibel. Online im Internet, URL: https://www.bibleserver.com/text/EU/Markus4%2C26-29 (Zugriff: 18.01.2018)

Deutsche Bibelgesellschaft (2000): Gute Nachricht Bibel. Online im Internet, URL: https://www.bibleserver.com/text/GNB/Psalm91 (Zugriff: 18.01.2018)

Fleck, C. (2010): Religiöse Bildung in der Frühpädagogik. München: LIT Verlag.

Fleck, C., Leimgruber, S. (2011): Interreligiöses Lernen in der Kita. Grundwissen und Arbeitshilfen für Erzieher/-innen. Köln: Bildungsverlag EINS GmbH.

Fröhlich-Gildhoff K., Rönnau-Böse M. (2015): Resilienz. München- Basel: Ernst Reinhardt Verlag.

Fröhlich-Gildhoff K., Rönnau-Böse M. (2017): Resilienz- und Gesundheisförderung. In: Petermann F. & Wiedebusch S. (Hrsg.). Praxishandbuch Kindergarten. Entwicklung von Kindern verstehen und fördern. Göttingen: S.363- 381.

Göpfert, P., Ohly, H. (1977): Religion - muss das sein? Den Kindern soll das Leben gelingen. München: Verlag für Gemeindepädagogik.

Grotberg, E. (2011): Anleitung zur Förderung der Resilienz von Kindern - Stärkung des Charakters. In: M. Zander & M. Roemer (Hrsg.). Handbuch Resilienzförderung. Wiesbaden: S. 51- 101.

Habringer-Hagleitner, S. (2009): Religion in Kitas zur Sprache bringen. In: Wohnt Gott in der Kita? Religionssensible Erziehung in Kindertageseinrichtungen. Berlin und Düsseldorf: S. 61-68.

Harz, F. (2006): Kinder und Religion. Was Erwachsene wissen sollten. Seelze und Velber: Erhard Friedrich Verlag.

Hoffsümmer, W. (1999): Gott und die Welt der Kinder. Religiöse Erziehung im Vor- und Grundschulalter. Freiburg im Breisgau: Herder.

Hofmeier, J. (1987): Religiöse Erziehung im Elementarbereich. Ein Leitfaden. München: Kösel-Verlag.

Höhl, S., Weigelt, S.(2015): Entwicklung in der Kindheit. 4- 6 Jahre. München Basel: Ernst Reinhardt Verlag.

Hugoth, M. (2012): Handbuch religiöse Bildung in Kita und Kindergarten.Freiburg im Breisgau: Verlag Herder GmbH.

Jüntschke, I. (2001): Religiöse Erziehung im Kindergarten. Anregungen und Vorschläge für Erzieherinnen. Lahr: Verlag Ernst Kaufmann.

Klappstein, K. (2007): Du bist klasse! Kinder stark machen. Resilienzförderung im Kindergarten. Neukirchen und Vluyn: Neukirchner Verlagshaus.

Kuhn-Schädler, H. (1984): Mit Kindern den Glauben leben. Die religiöse Erziehung des Kleinkindes. Luzern und Stuttgart: Rex-Verlag.

Lauther-Pohl, M. (2014): Mit den Kleinsten Gott entdecken. Religionspädagogik mit Kindern von 0 bis 3 Jahren. Grundlagen und Praxismodelle. München: Gütersloher Verlagshaus.

Scheidt, A. (2011): Warum? Kinder erklären sich die Welt. Philosophie Nachdenkgespräche im Kindergarten. Bananenblau Verlag: Berlin.

Schulz, E. (1980): Bausteine für eine religiöse Elementarerziehung. München: Don Bosco Verlag.

Stäudel, H. (2011): Mutmach-Geschichten aus der Bibel. Erzählvorlagen und Rituale für Kindergarten und Grundschule. München: Don Bosch Medien GmbH.

Schweitzer, F. (2013): Das Recht des Kindes auf Religion. München: Gütersloher Verlagshaus.

Werner, E. (2007): Entwicklung zwischen Risiko und Resilienz. In: Opp. G., Fingerle M. (Hrsg.): Was Kinder stärkt. Erziehung zwischen Risiko und Resilienz. München: S. 20 - 31.

Wuckelt, A. (2017): Religiöse Bildung in der Kita. Ziele, Inhalte, Wege, das Grundlagenbuch. Ostfildern: Schwabenverlag.

Wyrobnik, I. (2012): Wie man ein Kind stärken kann. Ein Handbuch für die Kita und Familie. Göttingen: Vandenhoeck & Rupprecht.

Rust, H.: Heilende Hoffnung. Quellen spiritueller Resilienz. Online im Internet. URL:
https://www.google.de/url?sa=t&rct=j&q=&esrc=s&source=web&cd=7&cad=rja&uact=8&ved=0ahUKEwiX9bCZxarYAhVQGOwKHcFPAhEQFghP-MAY&url=https%3A%2F%2Fbs-friedenskirche.de%2Fmedien%2Fpredigt-online%2F%3Fdownload%26file_name%3D20161218-Rust-Heilende_Hoffnung_-_Quellen_spiritueller_Resilienz-Roem5_1-5.pdf&usg=AOvVaw0o2eEDJJg9Mn2JQPBytuFS. (Zugriff v. 30.12.2017).

Anhang

Die selbstwachsende Saat

Es war einmal ein Bauer, der wollte ein Feld bestellen. Weil er noch nie ein Feld bestellt hatte, freute er sich königlich, als eines Tages sein Nachbar bei ihm vorbeikam und ihm eine Handvoll Samenkörner schenkte. Er bedankte sich mit Handschlag. Der Nachbar hob freundlich die Hand zum Gruß und ging wieder nach Hause.

Und unser Bauer machte sich sogleich auf, um zu säen. Sorgfältig war er das Saatgut auf den Acker Boden und fröhlich ging er heim. Der Tisch war schon gedeckt und seine Frau wartete dort bereits auf ihn. Die beiden setzten sich und aßen. Das Abendbrot schmeckte unserem Bauern heute besonders gut und schmatzend sagte er zu seiner Frau: „Iss nur! Bald können wir eigenes Brot backen, wenn die Körner aufgegangen sind und wir ernten werden."

Zufrieden legten die beiden sich ins Bett. Die Bäuerin schlief sogleich ein, doch der Bauer konnte nicht einschlafen, wälzte sich von einer Seite auf die Andere. „Ob das Getreide schon wächst und der Samen wohl aufgeht?"

Vor lauter Unruhe stand er auf und lief zu seinem Feld, um nachzusehen. Aber dort war alles wie es sein sollte...

In der Nacht tat er kein Auge zu und schmiedete Pläne, was morgen noch zu düngen sei und wo möglicherweise dem Boden noch etwas Wasser fehle. Am nächsten Morgen setze er - gleich nachdem sie aufgestanden waren - alle seine Pläne um. Seine Frau wartete schon mit dem Frühstück. Doch statt sich zu seiner Frau an den Frühstückstisch zu setzen, nahm er die große Gießkanne zum Acker mit, düngte und goss, obwohl das Feld eigentlich schon vorher gut vorbereitet hatte. Abends fiel er todmüde ins Bett. Neben ihm schleif seine Frau tief und fest. Doch unser Bauer konnte wieder nicht schlafen und weckte seine Frau: „Mann muss doch langsam etwas sehen können!" Die Bäuerin nahm die Hand vor den Mund und gähnte herzzerreißend, dann schlief sie weiter.

Doch der Bauer stand auf, steckte seine Lupe ein und lief zum Feld, um es sich genau anzusehen. Er kniete nieder, suchte mit dem Vergrößerungsglas, ob nicht schon ein wenig Grün aus dem Boden lugte. Aber es war wieder nichts zu sehen - außer dem Samen auf dem Boden. Der Mann ging nach Hause, konnte kaum schlafen und am nächsten Abend dasselbe Spiel. Diesmal legte er sich auf den Boden und presste sein Ohr daran: „Vielleicht höre ich ja wenigstens, wie es wächst."

Am fünften Tag kam ein Nachbar zu ihm an den Acker und sagte: „Du siehst müde aus, mein Freund! Aber sag mir doch, was tust du da jeden Abend auf deinem Feld? Ich habe dich beobachtet, aber ich verstehe dich nicht."

Da erklärte der Mann dem netten Nachbarn seine ganze Not. „Ich habe mit denen Samenkörnern Getreide gesät. Und jetzt wächst es nicht. Ich kann schon seit Tagen nicht mehr schlafen und eile hierher, um es wachsen zu sehen oder zu hören, aber nichts geschieht!"

Der Nachbar lächelte freundlich und zeigte erst auf den Bauernhof, dann auf den Acker und schließlich nach oben: „Lieber Freund, geh nach Hause und ruh dich aus! Du hast deine Arbeit getan. Jetzt ist ein anderer dran! Gott wird die Saat schon wachsen lassen. Du kannst nichts mehr dazu tun." Dann reichte er ihm die Hand und die beiden verabschiedeten sich.

Unser Mann war erleichtert, eilte nach Hause und schlief drei Tage und Nächte an einem Stück, so müde war er . Es regnete, die Sonne schien. Und als er nach drei Tagen aufstand und in alter Gewohnheit nachsah, was sein Feld machte, waren die Samenkörner aufgegangen und kleine grüne Spitzen ragten über all aus dem Boden.

Da dankte unser Mann Gott. Er faltete die Hände und blickte nach oben. Und als es dann endlich Erntezeit war, brachte er das Getreide ein, ließ es mahlen und backte zusammen mit seiner Frau herrliches Brot daraus. Und das erste Brot, das aus dem Backofen kam, teilte er mit seinem Freund und Nachbarn.

Nachdenken über die Existenz Gottes

Pädagoge:

Vorhin habe ich mich mit Yasin und Jan darüber unterhalten, wie groß eigentlich das Weltall ist. Habt ihr eine Antwort darauf?

Jan

Das weiß genau niemand. Das weiß bestimmt nur der liebe Gott, eil der hat ja alles erschaffen: die Welt.

Sophie

Also ich glaub nicht an Gott.

Hanno

Die Astronauten wissen das! Die Astronauten wissen, wie groß die Welt ist, weil die fliegen da oben. Und darum wissen die, wie die so aussieht.

Pädagoge

Du meinst also, die Astronauten wissen wie groß die Welt ist, weil sie sich die Erde angeguckt haben.

Hanno

Ja. Von oben.

Jan

Ja und manche Satelliten schicken uns Bilder aus dem Weltraum, wo wir nicht hinfliegen können.

Pädagoge

Es gibt Bilder von anderen Planeten, wo wir nicht hinfliegen können. Aber, Sophie, was meinst du damit, du glaubst nicht, dass Gott die Welt erschaffen hat?

Sophie

Ja, sondern eher... Sondern eher. .. Ich weiß es nicht. Da muss ich meine Mama fragen, wie die Welt entstanden ist. Aber ich hab ein Buch, da sind Dinosaurier drin und am Anfang, da war die Welt zuerst ein riesiger Feuerball.

Hanno

Der Asteroid war das Feuer. Aus dem ist das Feuer entstanden.

Jan

Ja, dann hat sich das Feuer auf der Sonne gelöst und dann...

Pädagoge

Eben hast du gesagt, du weißt nicht genau, wie die Welt entstanden ist.

Jan

Ja. Jede Religion glaubt was anderes.

Pädagoge

Jetzt wollen wir aber mal rauskriegen, was wir selbst eigentlich glauben.

Sophie

Ich glaub gar nicht an Gott.

Hanno

Aber ich glaub an Gott.

Martha

An Gott darf man eigentlich gar nicht glauben. Weil man dar nicht braucht.

Pädagoge

Warum ist es nicht nötig, dass man an Gott glaubt?

Sophie

Ich kann erklären warum. Ich glaub nicht an Gott, weil es gar nicht Gott gibt.

Hanno

Aber es gibt Gott!

Pädagoge

Wenn du sagst, Gott gibt es, kannst du auch beschreiben, was Gott ist? Oder wer das ist?

Martha

Ich weiß es! Gott ist so ein alter Mann, ein Mensch, der vor langer Zeit die Welt erfunden hat.

Sophie

Und der heißt Jesus.

Jan

Nee.

Heinrich

Der heißt Jesus Christus.

Jan

Nee.

Pädagoge

Jetzt hat Martha gesagt, Gott ist so ein alter Mensch, der mal die Welt erfunden hat, aber wie kann denn ein Mensch die Welt erfinden? Ich könnte doch jetzt auch nicht hingehen und sagen, ich erfinde jetzt mal eine Welt oder eine Erde. Ich kann das nicht.

Jan

Aaaah! Du meinst sowas! Der hat ein bisschen gezaubert ein bisschen. Der konnte ein bisschen zaubern.

Heinrich

Zauberei.

Martha

Er hat erfunden, dass es Menschen gibt.

Pädagoge

Aber wer hat denn dann Gott erfunden?

Aylina

Die Wolken vielleicht?

Jan

Der war schon immer da.

Sophie

Auch als die Dinosaurier lebten.

Martha

Aber jetzt isser gestorben!

Jan

Nee, nee! Nee, nee.

Heinrich

Der passt auf die Toten auf!

Aylina

Quatsch, der passt auf alle auf! Das weiß ich genau.

Heinrich

Aber dem Gott war bald langweilig und dann wollte er eine Welt erfinden.

Pädagoge

Ah, so ganz alleine wurde es ihm langweilig.

Martha

Aber der Gott ist eigentlich schon längst gestorben.

Pädagoge

Martha sagt, er ist gestorben, und Aylina sagt: Ich weiß ganz genau, dass er noch da ist, weil er auf alle Menschen aufpasst.

Aylina

Hm. Der passt auch auf, wenn er tot ist.

Pädagoge

Du hast gesagt, Gott hat uns erschaffen, weil ihm langweilig war. Wenn er aber gestorben ist: Wozu sind wir denn dann da?

Heinrich

Das wir zum Beispiel Spaß haben an unserem Leben. Und der Gott hat auch ein paar böse Dinge erschaffen, zum Beispiel die Diebe.

Aylina

Und für die Diebe hat er noch die Polizei erschaffen.

(vgl. Scheidt, S. 44-47)